À Serafima Andreïevna,
qui a vu et vécu

Un récit-témoignage d'**Igort**

Les Cahiers **Ukrainiens**

[mémoires du temps de l'URSS]

Édition revue et corrigée

Futuropolis

Je voudrais remercier Galia Semeniouk sans l'aide et le dévouement de laquelle ce livre n'existerait pas. Laurent Lombard pour sa disponibilité. Didier Gonord pour sa complicité. Alain David pour son travail précieux et ses observations. Susanna Cané et Daniela Palamone pour leur aide indispensable. Stefano Sachittella, Alberto Puddu, Nello Vacca, Andreï, Serafima, Maria, Nikolaï V., Nikolaï I., Emilia, Elena, Anatoli, et tous ceux qui se sont dévoués pour m'assister durant ce long voyage.

Et mille mercis à Galia Ackerman pour sa courtoisie et son aide indispensable.

Compte rendu d'un voyage
qui a duré presque deux ans-

Au début, pour moi, l'Ukraine était quelque chose d'indistinct, un nuage appartenant au firmament soviétique.
Et puis j'ai commencé à la visiter et les noms exotiques que j'entendais chez moi depuis l'enfance, KIEV, ODESSA, POLTAVA, SÉBASTOPOL, LEOPOLI, YALTA, sont devenus des paysages concrets.
УКРАИНА
Je me demandais sincèrement comment était la vie pendant et après le communisme là-bas ?

ROCKET CITY

Été 2008, je suis à Dniepropetrovsk, un million deux cent mille habitants. Ukraine orientale. Au temps de la guerre froide il n'y avait pas de missile soviétique qui n'était fabriqué ici.

Certains l'appelaient Rocket city. Il y a seulement dix ans un étranger ne pouvait pas y mettre les pieds. Aujourd'hui les choses ont changé. Par ma fenêtre je vois le Dniepr s'écouler calmement.

La ville reste trois jours sans eau. J'essaie de comprendre ce qu'ils font pendant ces trois jours qui me paraissent une éternité.

Parce que l'eau limoneuse que je vois couler de la fenêtre, c'est celle avec laquelle on se lave, c'est celle qu'on dit "potable", qui rend le thé imbuvable.

On ne peut pas vivre sans eau, alors je remplis la baignoire pour la stocker. Je ferme le robinet au bout de 20 minutes environ. Je vois flotter des duvets verdâtres.

Andreï

Andreï dit que son père était dans l'Armée rouge. Lorsqu'il est devenu officier il a dû prendre sa carte du parti communiste, sinon il n'avait aucun espoir de faire carrière...

Parce que là-bas, en Russie, ils partageaient leur appartement avec une autre famille...

Mais, dans cette attente leur mariage n'a pas tenu. Maintenant, ils sont divorcés. Andreï dit que quand il était gamin, il écoutait les histoires des adultes

Si quelqu'un, par exemple, allait à l'étranger, c'en était fini de ses ambitions, il pouvait seulement devenir ouvrier parce que ça ne serait venu à l'esprit de personne de confier des responsabilités à quelqu'un qui pouvait être devenu un espion...

C'était des règles tacites, mais tout le monde les connaissait. Pendant la guerre froide, on grandissait au milieu des usines de missiles et d'armes, des ragots et de la suspicion.

A M E R I C A

Micha dit qu'il est allé en Amérique et que ça ne lui a pas plu. "Il n'y a pas que l'Amérique qu'il n'aime pas mais tout ce qui est américain", explique Andreï. "Lui, c'est un patriote." Micha était dans l'armée, aviation, pendant la période de l'URSS. Et il était bien, ça lui plaisait. Lui, il dit que ce n'est pas vrai que l'Ukraine est divisée en deux, une partie philo-occidentale et une partie nostalgique de l'empire soviétique. "Les gens pensent à fonder une famille, à faire des gosses et à essayer de joindre les deux bouts. Lui, il a un SUV avec vitres foncées et autoradio, une belle femme et un magazin d'ordinateurs ("MY COMPUTERSHOP", spécifie-t-il). Il se sent un homme accompli, quelqu'un qui a du succès dans la vie. Quand je lui pose des questions, il me demande : "Mais t'es un espion ?". J'essaie de m'expliquer et de montrer que je ne suis pas venu pour juger, mais seulement pour observer, quand j'y arrive. Et on se donne rendez-vous un autre après-midi, lorsque, devant une part de tarte, il me racontera sa vie à l'époque de l'Union soviétique, quand on était bien et que personne ne se plaignait.

L'INVITATION

Le lendemain, alors que Galia et moi on se promène le long du Dniepr, Micha appelle. Il dit qu'il veut savoir si ça m'intéresse de tirer, au polygone.

Je suis surpris. Je lui ai demandé ce qui a changé pour lui depuis qu'il n'y a plus l'Union soviétique, depuis qu'il n'est plus militaire dans l'Armée rouge.

Étrange façon pour me faire comprendre le pli qu'a pris sa vie de tous les jours. Il m'invite au polygone Robin Hood. Peut-être il veut voir si je sais tirer.

Ou bien c'est peut-être qu'une fanfaronnade. Bref, je refuse son invitation.

Robin hood !

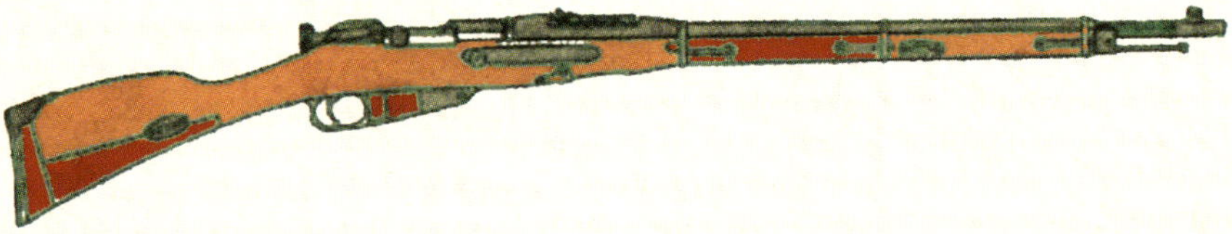

Le Jour suivant, au même centre de tir, meurt, dans des circonstances encore à éclaircir, le procureur régional Vladimir Chouba. Un coup de fusil au cœur. Comment un coup de fusil peut partir accidentellement et toucher au cœur celui qui le charge, c'est un mystère. D'autant plus que Chouba est un expert en armes (et par ailleurs plusieurs fois menacé de mort). D'autant que dans ce centre de tir on tire au pistolet et non au fusil. D'autant que les premières rumeurs parlent de suicide. Et puis, comme par hasard, le fusil a disparu et a réapparu tout de suite après. Il y a une vérité officielle, à la quelle personne ne croit, et une vérité clandestine, beaucoup plus probable, qui parle même à travers le Net.

...

Suivent des jours d'effarement. Naturellement, je me répète, entre l'invitation et le meurtre du procureur Chouba, il n'y a aucun lien. Il s'agit juste d'une mauvaise coïncidence.

Et pourtant la sensation que la vie, ici, est suspendue à un fil persiste. "La saison du sang", c'est ainsi qu'ils appellent cette période de transition.

Un gouvernement tombe? On élimine préventivement les personnes qui dérangent et qui pourraient avoir des responsabilités importantes dans la nouvelle organisation politique.

Mots nouveaux que j'ai appis : Tchetyre, 4 - Gazeta, Journal, tchassy, montre.

АВАРИЯ
a v á r i a
АВАРИЯ
a v á r i a
АВАРИЯ
a v á r i a
АВАРИЯ

Pour le reste, c'est la crise économique. Les banques vacillent et coupent le crédit, beaucoup perdent leur maison. Un peu partout on respire le désespoir. Avant la crise...

À présent, plus personne n'a de certitude sur son salaire qui peut être diminué sans préavis. Celui qui a un travail se considère chanceux et fait tout pour le garder.
Je rencontre Vania, un grand enfant de 26 ans qui vit à Moscou. Il travail chez PIROFF, une usine de feux d'artifice. Il est ivre et rit tout le temps.

Me dit-il, et il indique deux canons dessinés sur sa carte de visite...

Ha ha ha, pour lui la guerre, c'est un jeu, les bombes des feux d'artifice. Il me demande si j'ai vu le vrai visage de Dniepropetrovsk ; il fait allusion aux zones les plus miséreuses et délabrées.

Sa question est le point de départ pour éclaircir certaines choses apparemment inexplicables

C'est simple, m'explique-t-il. Les appartements que je vois ne sont pas pour les Ukrainiens. Eux, ils habitent les immenses banlieues sombres à une heure du centre. Il me dit que le marché immobilier est géré par la mafia. Deux familles qui font la pluie et le beau temps décident les prix et excluent des centaines de milliers de personnes normales.

LE RÉSEAU
Ce qui a généré un réseau très dense de petits bus.
Y entrent 12 personnes assises et 5-6 debout. On les appelle Marchrout Taxi. Ils traversent la ville jusqu'aux banlieues les plus éloignées et aux noms exotiques.
Vu que personne ne peut se permettre un studio à 400 dollars, le soir, après le travail commence le calvaire de l'attente.
Se forment des files de 80-90 personnes qui attendent de pouvoir rentrer chez elles.
On attend parfois jusqu'à une heure et demie. Et puis le voyage dure presque autant. Si on a travaillé pendant dix heures (ce qui est fréquent ici) on ne vit pratiquement que pour travailler.

Elena me parle d'Ania qui, il y a quelques années, s'est fait surprendre par une averse dans la ville d'Energodar, où il y avait une centrale atomique.
Une fois rentrée chez elle, elle a pris une douche et s'est mise à faire son train-train quotidien.
Puis elle est allée se coucher.
Quand elle s'est réveillée, elle était chauve. Ses cheveux sur l'oreiller. Les médecins disent que ce qu'il y avait dans l'air, et que la centrale rejetait, a réagi avec l'eau.

Elle avait 30 ans, Ania. Elena ne l'a plus revue. Elle ne sait pas si elle est encore en vie. Les gens de villes comme Energodar ou Tchernobyl ont l'interdiction de parler de ce qui s'y passe.

Cette interdiction, d'origine soviétique, se propage partout aujourd'hui aux quatre coins de ce qui fut l'empire communiste. Je m'en aperçois vite.

Indépendance ou pas, les Ukrainiens de cette partie du monde se disent "Russes". C'est comme si les racines de celle qui a été l'Union soviétique, la SOVIETSKI SOÏOUZ, vivaient et palpitaient encore.

Un immense territoire habité par des pratiques et des conventions qui ont survécu, incrustations d'un passé qui ne veut pas s'éteindre.

Il suffit de gratter un peu pour entendre s'écouler, sous la discrétion soviétique, l'envie d'être écouté.

Je me suis retrouvé là, au moment où avait lieu le vingtième anniversaire de la chute du mur de Berlin.

J'ai tendu l'oreille pour écouter les histoires et j'ai décidé de les dessiner. Je ne pouvais tout simplement pas les garder pour moi. Ce sont des histoires vraies, de personnes rencontrées par hasard dans la rue à qui il a été donné de vivre à l'étroit dans l'étreinte du rideau de fer.

Histoire de Serafima Andrejevna

Lorsque je la rencontre, Serafima Andreïevna n'a plus très envie de vivre, ni de se souvenir. Avec le printemps c'est le retour des gros travaux mais son fils Anatoli ne veut pas qu'elle se fatigue. Serafima, que tous appellent Xenia, a 80 ans et veut se sentir utile. Sa petite-fille me présente et lui dit que je voudrais parler avec elle, que je voudrais qu'elle me raconte.

Elle me regarde et me salue, mais ne sourit pas. Serafima ne sourit jamais, et c'est une chose qui inspire de la crainte. "Le thé n'est rien. C'est juste de l'eau sucrée", dit-elle, et elle m'offre quelque chose de plus substantiel. Moi, qui suis habitué à manger à l'heure, j'esquisse un timide "Non merci", mais je vois qu'elle s'assombrit. Alors, pour ne pas la vexer, je finis par accepter.

"Je suis née le 4 mai 1928, dans le village d'Outchiska Gitomirskaïa, région de Milaïanivka, Ukraine", dit-elle et puis elle semble attendre que les souvenirs arrivent.

Je suis née le 4 mai 1928, dans le village d'Outchiska Gitomirskaïa, région de Milaïanivka, Ukraine.
Mon père, Andreï Fedorovitch, est né en 1900, région de Gitomirskaïa
Il n'a pas eu une vie facile, pauvre père, ses parents ont été tués alors qu'il n'était encore qu'un enfant.
Quant à ma mère, je ne l'ai pas connue. Elle est morte en me mettant au monde.
Elle portait un nom ancien, elle s'appellait Gapka.
DOUCEMENT
PETITE GAPKA

Andreï et Gapka ont eu 6 enfants- Katia, Nadia, Galia, Hvenja, Traton et moi-
Veuf, mon père s'est mis à la recherche d'une autre femme - Il fallait s'occuper de ses petits orphelins-
En 1932, quand la famine est arrivée, j'avais entre 4 et 5 ans-
On habitait au bout du Village-

La maison, comme toutes celles du village, était en bois, isolée avec de l'argile et du crottin de cheval, petite et très chaude, peinte à la chaux.
OUVRE XENIA JE SUIS DE RETOUR!
TOK
ÊTES-VOUS TOUS DEVENUS SOURDS, LÀ-DEDANS?
Les familles riches décoraient les murs extérieurs avec des motifs floraux
BABOUCHKA!
TU AS TROUVÉ QUELQUE CHOSE?
2 RACINES
Les pauvres, on les voyait tout de suite, aucune déco et dedans des vieux meubles et des pauvres choses...
J'AI TROUVÉ 2 RACINES
ET VOUS?
RIEN, MAMIE
NOUS RIEN
Notre grand-mère, babouchka, s'occupait un peu de nous...
HM...
VOUS AVEZ BIEN CHERCHÉ?
L'hiver était en avance avec les premières grandes neiges. Et il n'y avait plus de pain.
OUI, ON A CHERCHÉ PENDANT DES HEURES DANS LE BOIS
PARDON BABOUCHKA

Le pain se faisait avec le foin et on préparait des beignets, appelés KORJIKI, cuits a la poêle, sans huile. Qui en avait de l'huile à cette époque ? En hiver, le fourrage servait aussi pour les boulettes, parce que c'est ce qui avait le plus de goût.

La nuit mes frères aînés sortaient chasser avec mon père les lièvres ou les lapins de garenne, ou les hérissons.
Des hérissons il n'en restait plus beaucoup, vue qu'ils disparurent de nos campagnes pendant des années.
On mangeait même les couleuvres, n'importe quoi.
Mais d'ordinaire mon père et mes frères ne trouvaient pas grand-chose, Juste quelques racines.
Déterrées péniblement de sous la glace et la neige.
Ils les ramenaient à la maison comme des reliques...

"Je perds la mémoire," dit-elle et elle se verse quelque chose à boire avant de recommencer.
À cette époque, et c'était un luxe, ceux qui pouvaient se le permettre achetaient un bout de peau de cheval au marché noir.
Ils la mettaient à sécher et la coupaient en petites bandes.
Et puis ils la donnaient à leurs enfants. Des heures et des heures à mordre et à sucer; ça ne finissait jamais.
Pas que ça vous enlevait la faim, mais au moins ça vous occupait.
Quelqu'un, je me souviens plus qui, avait découvert que les décoctions de branches des arbres fruitiers c'était bon. Surtout celles faites avec de l'abricotier.

Je perds la mémoire mais ça je me le rappellerai jusqu'à ma mort. Près du minuscule village à 4 pas de Magdalinavka
il y avait 5,6 baraques, chacune habitée par une dizaine de personnes-
Et il y avait des enfants avec lesquels je jouais... IOURA, MICHA, KOSTIA- Ils moururent l'un après l'autre-
Quand ça arrivait, tout le monde le savait déjà, il n'y avait pas besoin de funérailles, rien de ce genre- La maison était fermée et peu après tu voyais la cheminée fumer-
Le monde où la mort de quelqu'un nous plongeait était triste-
Très vite les routes entre les villages furent infestées de voleurs et d'assassins. Ils vivaient là, campés dans les fossés, à attendre.
XENIA, TES SŒURS ET TOI, VOUS NE DEVEZ JAMAIS ALLER TRÈS LOIN
JAMAIS, TU AS COMPRIS?
OUI, BABOUCHKA
...

ILS ENLÈVENT LES ENFANTS, MÊME LES ADULTES... ET ILS LES TUENT

Le cannibalisme devint une activité diffuse.

Je m'en souviens comme si c'était hier.

1932 a été l'année la plus terrible de ma vie.

1932

Enregistrement recueilli le 13 mars 2009.

Les Koulaks -

Des famines, l'Ukraine en avait connu d'autres, en 1922, par exemple. Et ce fut terrible. Mais celle qui est racontée dans nombre de ces récits est bien différente.

Cette famine fut provoquée à dessein. Les documents l'attestent. Par disposition du père de la patrie JOSEPH STALINE, les frontières de l'Ukraine sont fermées, la circulation entre régions interdite et les réserves de blé confisquées à des millions de paysans.

Les réquisitions sont systématiques, de maison en maison. Œuvre d'une petite armée (25 000 hommes) de la police secrète sous les ordres directs de Molotov.

Les conséquences sont catastrophiques. Entre 1932 et 1933, on compte qu'un quart de la population ukrainienne meurt de privations.

Cette opération est appelée par Moscou DÉKOULAKISATION.

Koulaks ukrainiens, ennemis de classe–

Des 42 millions d'Ukrainiens environ 80% sont des paysans et de petits propriétaires terriens. La grande majorité d'entre eux n'adhère pas volontairement à la collectivisation. C'est pour cette raison qu'on les appelle KOULAKS.
Un Koulak est un propriétaire. Mais quiconque avait ne serait-ce que deux vaches était considéré comme tel.

JOSEPH STALINE

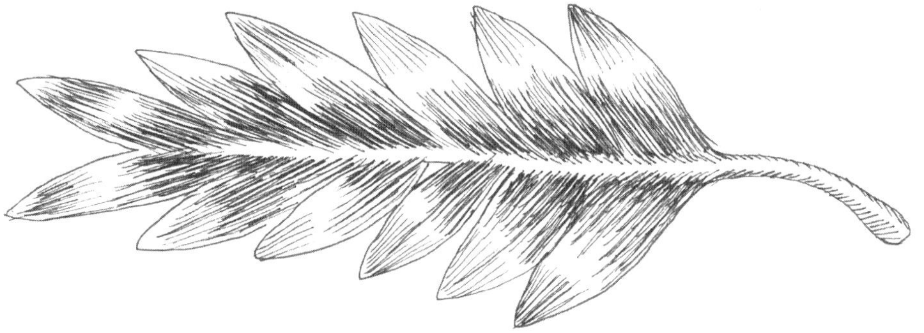

Lorsque Staline, à la mort de Lénine, accède au pouvoir, il hérite d'un empire immense et arriéré. Le premier plan quinquennal, lancé en 1929, est un projet ambitieux d'industrialisation. L'Union soviétique a besoin de machines et de savoir-faire de l'Occident. Pour financer tout cela, il compte exporter notamment le blé ukrainien.

Mais l'Ukraine est en effervescence. Forte d'une tradition paysanne faite de petits et moyens propriétaires terriens, elle n'adhère pas volontiers à la collectivisation ni n'accepte de renoncer à la propriété privée. Elle a déjà déclaré son indépendance en 1918, et Lénine a envoyé l'Armée rouge pour l'envahir et la reconquérir par la force.

Les paysans, renforcés dans leurs opinions par les intellectuels et les écrivains, voudraient se soustraire à leur destin de colonie soviétique. "Nous la perdons!" dira Staline à son fidèle Kaganovitch, et il organise une réunion immédiate dans son cabinet.

Ce qui se dessine est un programme qui, manu militari, soumet l'Ukraine, anéantit ses tendances indépendantistes, en détruit l'identité.

Lazar Kaganovitch, jusqu'en 1928 secrétaire national du Comité central du Parti communiste ukrainien, a désormais gagné le poste de secrétaire général du Parti communiste de toute l'Union soviétique.

La culture ukrainienne n'existe pas ! Pour entreprendre un génocide culturel et physique on procède avec un plan défini dans les détails.

Un instrument déterminant pour mettre ce plan en pratique, c'est la police secrète. Une arme terrible qui sème la mort et la peur dès 1917 quand le même Lénine institua la Tcheka, dans le but de combattre les ennemis du nouveau régime soviétique.

À la tête de la police secrète, qui depuis 1923 s'appelle OGPU, se trouve Viatcheslav Menjinsky.

VIACESLAV MENZHINSKY

Son homologue en Ukraine est Vsevolod Baltitski.

Litanie bolchevique assassine

12 Juillet 1931 - Rapport du chef OGPU de la RSS d'Ukraine V.A. Baltitski à la direction OGPU

Conformément au plan d'opération préparé et approuvé par l'OGPU, la déportation des familles Koulaks d'Ukraine commencée le 1er Juin s'est terminée 39 jours plus tard, le 9 Juillet 1931. Exactement selon l'échéancier.

Cette déportation a été précédée, en mars 1931, d'une opération de masse destinée à séparer les éléments contre-révolutionnaires les plus actifs. Une telle opération de masse a permis d'arrêter environ 19 000 individus, de démanteler de nombreux groupes contre-révolutionnaires qui ordonnaient des soulèvements armés durant le printemps 1931. Parmi eux, un certain nombre appartenait à des organisations ramifiées, distribuées dans les différents districts ukrainiens (les "proscrits," les "insurgés", les "Fils de l'Ukraine", les "tziganes", les "enflammés", les "Sibériens" et d'autres encore)

Extrait du rapport du chef régional OGPU de Dniepropetrovsk au sujet de la famine dans la région de Dniepropetrovsk -

5 mars 1933 - District de Majevsk -
Un de nos agents, en inspectant le village de Khorochee, a trouvé, dans la maison de la kolkhozienne A.V. Melachkoun, 2 enfants dont les mains étaient en sang. Après avoir interrogé l'enfant de 7 ans, il a su qu'ils venaient "juste de manger la jument" -

Ils ont montré un morceau de viande pourrie. La famille a reconnu avoir déterré la jument. L'enfant de 14 ans souffrait, lui, de terribles douleurs au ventre après avoir mangé les osselets de la même carcasse -

District de Bolchoï Lepetichinski.

À cause d'un manque total de pain, les gens utilisent des ersatz. Nous avons enregistré 354 cas d'empoisonnement (provoqués par l'ingestion de diverses herbes) en quelques heures. Le décès survenait dans les 24 heures pour les enfants, dans les 3-5 jours pour les adultes. On observe également l'ingestion de viande provenant de charognes animales, telles que chevaux, chiens, chats.

District de Vyssokopolsk

On vend de la viande de chien, de chat et de la charogne chevaline. Le prix de la viande de chien est environ 12 roubles le kilo. Le cheval entre 6 et 8. Le paiement s'effectue d'habitude en nature (vêtements, tapis, etc.).

Enfin dans les districts de VyssoKopolsK et de Miletopol, nous avons enregistré 2 cas de cannibalisme. Dans le district de Novo PrajsK, 2 homicides commis dans le but de faire du commerce de viande humaine.

District de Vyssokopolsk. Le 16 février, à Zagradovka, le jeune Nikolaï, 12 ans, est mort dans la famille d'un paysan pauvre. Sa mère F. et sa voisine Anna S. ont coupé le cadavre en morceaux et l'ont servi avec les plats qui avaient été préparés. Presque la totalité du corps a été consommée. Il ne restait que la tête, les pieds et une partie de l'épaule, une paume de la main, la colonne vertébrale et quelques côtes.

Toutes les parties du corps ont été retrouvées dans le sous-sol de l'isba. F. a expliqué son geste par l'absence totale de nourriture. Il lui reste 3 enfants, tous gonflés. Une aide a été apportée à cette famille.

le chef du département régional
Krauklis

12 mars 1933.

Cher Vsevolod Apollonovitch, les difficultés alimentaires dans la province de Kiev prennent de jour en jour un caractère plus aigu. La plupart des morts par famine ou cannibalisme se trouvent dans les provinces d'OUMAN et BELATA TSERKOV.

Les affamés sont le plus souvent des paysans individuels ou des membres d'un Kolkhoze. Il faut reconnaître que dans un certain nombre de villages touchés par la famine, les Kolkhoziens ont au moins 500 journées-travail.

N.B. L'auteur de ce rapport entend par "500 journées-travail" une journée souvent de seize à dix-huit heures de travail pendant 500 jours d'affilée, sans repos.

Dans de nombreux villages, on n'enterre même plus les morts au cimetière dans les délais. On les laisse dans les sous-sols, dans les cours. Les employés du Soviet Rural ramassent les cadavres et les ensevelissent dans des fosses communes par fournées de 10-15 à la fois.

Ces temps-ci, nous avons remarqué une recrudescence de cas de nécrophagie et de cannibalisme. Nous recevons chaque jour une dizaine, voire plus, de dénonciations. Nous pouvons dire que le cannibalisme "devient une habitude". Nous avons des cas de récidivistes, suspectés de cannibalisme, qui tuent des enfants, des connaissances ou des passants dans la rue.

Dans les villages touchés par le cannibalisme, chaque jour qui passe se renforce entre les gens l'idée que consommer de la viande humaine est une chose acceptable. Cette opinion est particulièrement diffuse parmi les affamés et les enfants.

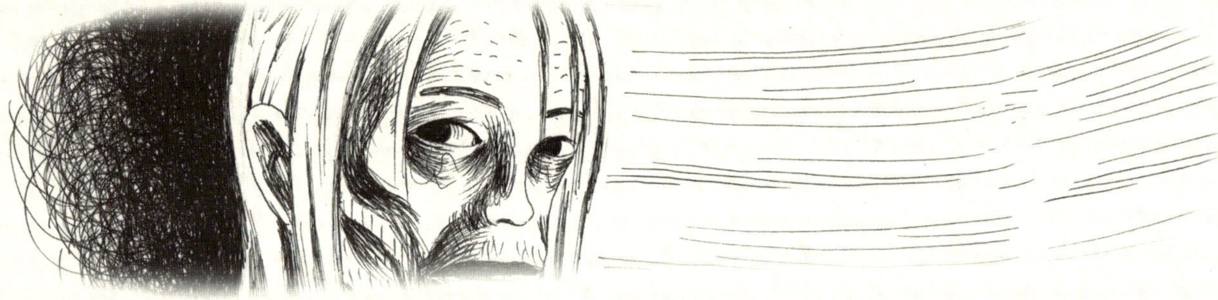

Du 9 janvier au 12 mars, nous avons repéré dans la région de Kiev 69 cas de cannibalisme et 54 cas de nécrophagie. Mais évidemment ces chiffres sont en dessous de la réalité, vu que nos services ne peuvent recenser tous les cas.

Dans la rue, il arrive souvent que les passants s'évanouissent d'inanition. Par ailleurs, on observe une augmentation du nombre de crimes et délits. Beaucoup se font voler leurs sacs par ceux qui croient y trouver de la nourriture. La milice, surchargée, ne peut plus endiguer le phénomène.

Le vagabondage des enfants abandonnés augmente de jour en jour, aussi bien en ville que dans les campagnes. Dans leur fuite, les parents abandonnent souvent leurs enfants.

Salut Communiste. ROZANOV

Histoire de Nikolaï Vassilievitch —

Lorsque je le rencontre, au marché de Dniepropetrovsk, c'est octobre et le froid ukrainien se fait sentir. Lui est là, avec son air désolé, qui vend de pauvres choses. Un seau, de la vaisselle, une théière. Les rares personnes qui s'arrêtent, demandent le prix et passent leur chemin. Ce n'est pas difficile de voir que Nikolaï Vassilievitch n'est pas fait pour les affaires.

Quand je lui demande s'il peut parler de lui autrefois, il hésite, puis décide de se confier. Un mot après l'autre, j'écoute le compte rendu d'une existence qui est devenue une intrigue indigeste. Ça pousse pour sortir et ça monte des tripes. Ce qui suit est la transcription fidèle de ce récit...

Lorsque je naquis en 1926, village de Magdalinavski, région de Dniepropetrovsk, mon père partit et fonda une autre famille.
Je ne le reverrai jamais plus.
Ma mère avait un métier d'homme, elle défrichait la terre avec la pioche.
Mais elle voulait que j'étudie, et mit de l'argent de côté.
TU AIMES ÉTUDIER ?
OUI, MAMAN
J'aimais ça. Et pas seulement pour elle, qui m'apprenait tout.
NIKOLAÏ, CHÉRI, IL FAUT QU'ON ARRANGE LA MAISON
DEMAIN JE TE MONTRE COMMENT ON CRÉPIT. D'ACCORD ?
OUI, MAMAN
Cuisiner, coudre, toutes les tâches domestiques. Jusqu'à construire un poulailler
VOILÀ, PLUS HAUT, COMME ÇA, BRAVO

Tout petit, j'avais appris à me rendre utile. C'était moi qui faisais tout à la maison, parce qu'elle rentrait très tard du travail.

J'ai vécu toute ma vie avec ma mère, sauf quand je me suis marié.
Comme elle, je n'ai pas eu de chance en mariage.
Une fois terminée la septième "forme" je voulais m'inscrire au lycée. Je me souviens encore d'un cours
VVROOOM
avec les fenêtres ouvertes. Il faisait beau...
VOUS AVEZ VU? UN SIDECAR
C'EST QUI EUX?
LES ALLEMANDS
On est rentré au village en courant! Des nazis avaient miné le pont
BDOUM
Tout le monde fuyait.

On a trouvé les gens rassemblés sur la place principale.
Il y avait des élèves de toutes les classes, les plus petits pleuraient, terrorisés.
Les Allemands nous frappaient.
L'occupation a été terrible.
Le jour suivant, le commandant a choisi une belle maison, chassant ceux qui l'habitaient.

Il y avait de nouvelles règles, tout le monde devait travailler pour eux. Ils contrôlaient tout et prenaient ce que bon leur semblait.
Les hommes forts ont été réquisitionnés. Puis ils ont choisi les femmes.
ALLEZ TRAVAILLER DANS LES CHAMPS !
Les vieux aussi avaient l'obligation de travailler.
Ils ont pris des garçons comme moi pour les travaux pénibles
Il nous emmenaient loin de la maison, creuser des fosses grandes et profondes.
Jour et nuit. Si quelqu'un tombait malade ou était épuisé, ils le frappaient.

Et ne lui donnaient plus à manger.
Et puis le travail changea, on devait transporter à pied des longerons en acier.
Des voies. Les Allemands construisaient un chemin de fer.
Le soir, quand je rentrais, ma mère pleurait parce que j'avais toujours du sang sur le dos.
Ils ont brûlé la maison d'un homme qui ne pouvait pas travailler.
Ceux qui le pouvaient fuyaient, ou se cachaient jusqu'au soir dans le marais.

Entre 1945 et 1947, une loi obligea les enfants à travailler à l'usine dès 13 ans.
Moi, je travaillais dans la chaufferie et commençais à connaître mon travail sur le bout des doigts.
La vie s'améliorait. La possibilité d'acheter ce qu'on voulait avait augmenté.
BONSOIR
BONSOIR
J'ai connu une femme très bien élevée. Elle avait une fille, et était divorcée.
VOUS AUSSI VOUS AIMEZ LE LAIT CONCENTRÉ ?
BIEN SÛR !
Elle était enseignante. Très vite, je suis allé vivre chez elle.
Dans son village, région de Dniepropetrovsk.

À l'époque de Staline, les gens devaient donner chaque année au Kolkhoze 300 litres de lait, 50 Kilos de viande, 300 oeufs.

Chaque maison devait en produire autant, indépendamment du nombre d'habitants. Moi, je vivais avec ma femme et

je pouvais espérer m'en tirer. Mais ma mère était seule, elle n'arriverait jamais à en produire assez. Même en travaillant très dur. C'était un cauchemar, un souci qui m'empêchait de dormir.

Puis en 1953, Staline est mort et tout a changé soudainement.
On a recommencé à respirer, à étudier. Les gens pouvaient grandir et se comporter normalement, manger normalement.
LE ÂMES MORTES NIKOLAÏ GOGOL
L'IDÉE DU LIVRE A ÉTÉ SUGGÉRÉE À GOGOL PAR POUCHKINE ET ELLE EST TIRÉE D'UN FAIT RÉEL
PUBLIÉ EN 1842, IL A ÉTÉ ÉCRIT À ROME. DANS L'INTENTION DE L'AUTEUR, C'ÉTAIT...
Le pain, qui était même bon marché, on pouvait en acheter autant qu'on voulait.
CAMARADE HMELIUK, COMMENT VAS-TU?
IL FAUT QUE JE ME SURVEILLE
JE TE TROUVE BONNE MINE
TU AS GROSSI.
JE MANGE TROP
Pas les habits, qui restaient très chers. On s'habillait comme des misérables.
ДЛЯ
QU'ILS SONT BEAUX, MAIS
D'une façon générale, et on avait presque peur de le dire, on était bien. 5 ans après notre première rencontre, M. a mis au monde Anastasia.
REGARDE
COMME ELLE EST BELLE!
Mais Anastasia était de santé faible et elle est morte quand elle avait à peine 13 mois.

L'année suivante, est né Nikita. Lui aussi est mort tout de suite.
C'EST UNE MALÉDICTION
UNE MALÉDICTION!
Les choses allaient comme elles allaient et ma belle-mère me détestait ouvertement
JE NE T'AI JAMAIS AIMÉ. JE NE VEUX PAS DE PETITS-ENFANTS DE TOI!
LAISSE-LA TRANQUILLE
À PARTIR DE MAINTENANT, IL VAUT MIEUX QUE TU TE TROUVES UNA AUTRE MAISON
C'EST COMPRIS?
C'était compris...
Mon mariage s'est brisé peu après...
NIKOLAÏ VASSILIEVITCH
TOUT VA BIEN.
ÇA VA?
MERCI.
ÇA FAIT UN BAIL QU'ON TE VOIT PLUS
JE SUIS OCCUPÉ.
Elle s'est trouvé un autre homme.
À VOUS AUSSI... TCHEKHOV?
BIEN SÛR
LE MOINE NOIR, MAGNIFIQUE.
OUI.

Une fois revenu chez ma mère, même village qu'autrefois, j'ai rencontré N.
ENCHANTÉ NIKOLAÏ
ENCHANTÉE NATACHA
Elle n'avait pas d'enfants, mais était divorcée, comme A., ce qui n'était pas fréquent à l'époque.
J'AI PRÉPARÉ LE BORCHTCH. TU VIENS CE SOIR ?
OUI, JE VIENDRAI APRÈS LE TRAVAIL
Après un certain temps, on s'est mis ensemble.
TU SAIS, AVEC TOI JE ME SENS COMME JAMAIS JE NE ME SUIS SENTI.
PEUT-ÊTRE QUE PERSONNE NE T'A VRAIMENT AIMÉ.
Tout semblait bien aller et elle a donné la vie à 2 jumeaux.
TU ES HEUREUSE ?
TRÈS
GHA
Mais, avec le temps...
ATTENDS JE TE RAPPELLE
L'amertume a commencé
AH, TU ES REVENU !
C'ÉTAIT QUI ?
PERSONNE

Une infidélité après l'autre, qu'elle ne prenait même pas la peine de cacher.
Elle me les envoyait en pleine figure.
OUI, ET ALORS?
Durant cette période très malheureuse, ma mère est morte.
CETTE MAISON
CES SOUVENIRS
MAINTENANT ELLE EST VIDE
INSUPPORTABLE
SI UN VOISIN EST INTÉRESSÉ
LA MAISON EST EN VENTE
Avec cet argent, je me suis mis à voyager
OÙ TU CROIS ALLER?
LOIN
UNE VIE COMME ÇA JE N'EN VEUX PLUS
ADIEU

J'avais dit "adieu"? En moi je ne pensais à rien de définitif. Je voulais juste me perdre, loin-
PEUT-ÊTRE UNE NOUVELLE VIE
ЛЕНИНГРАД
МОСК
OUI, UNE NOUVELLE VIE
КИЕВ
MOSCOW
LENINGRAD
ОДЕССА
À présent, je pouvais enfin m'acheter une télé, en noir et blanc, un truc à l'avant-garde, très chère
НОВАЯ
125
168
ТЕЛЕ
228
Et de beaux meubles de luxe pour la cuisine, des tapis pour les murs.
OUI ...MAIS...
J'EN FAIS QUOI D'UNE VIE COMME ÇA ?
Avec ces commodités, j'avais espéré que tout redevienne comme avant.
MERCI POUR LES CADEAUX.
QU'EST-CE QUE TU FAIS À NOUVEAU ICI?
JE...
Mais j'étais un naïf. C'était bel et bien fini
JE CROYAIS AVOIR ÉTÉ CLAIRE, NIKOLAÏ
SI TU ME NE DÉGOÛTAIS PAS, TU ME FERAIS, PEUT-ÊTRE, RIRE.
D'ailleurs, ça n'avait peut-être jamais commencé-
DISPARAIS DE MA VIE!

Dès lors, je ne reverrais jamais plus mes enfants
CAMARADE KOSINSKI, JE SUIS NIKOLAÏ VASSILIEVITCH, J'AI BESOIN D'HOSPITALITÉ, MON AMI... ET JE ME DEMANDAIS...
ЛЕФО
JE VOIS JE VOIS...
NON, ÇA NE FAIT RIEN
DÉSOLÉ CAMARADE
Je ne sais pas où aller.
ET AINSI ELLE M'A MIS À LA PORTE. ELLE A TOUT PRIS...
HM HM
JE N'AI PLUS QUE DES VÊTEMENTS.
J'AURAIS BESOIN
Pendant un long moment, j'ai été hébergé par un couple d'anciens
BONSOIR ALEXANDRA IOURIVNA... BRR, ON SE GÈLE DEHORS...
JE SAIS, JE SAIS. COMMENT ÇA A ÉTÉ?
BIEN, OUI
BIEN
JE RÉCHAUFFE LA SOUPE
Une chambre en location dans le district de Magdalinavski... En location? Mais j'étais indigent!
HUM, DES CORNICHONS!
MAIS QU'ILS SONT CHERS!
TANT PIS...
JE NE PEUX PAS ME LE PERMETTRE
Je l'avais fait savoir... Je cherchais...
FZZZZZZZZ

Ce fut la période la plus dure. Et puis je commençai un autre travail. J'étais forgeron et je pouvais gagner ma vie.
Je mettais un petit peu de côté chaque mois, rêvant d'un futur appartement.
En espérant revoir mes enfants
J'AI AMENÉ CES CHOC...
NON!
QU'EST-CE QUE TU FAIS ICI?
DISPARAIS
J'allais quand même les voir, avec argent et cadeaux, mais elle prenait et détruisait tout systématiquement.
JE T'EN PRIE
FOUS-NOUS LA PAIX.
Elle avait trouvé un autre mari, comment la blâmer?
MAMAN C'ÉTAIT QUI LUI?
UN VER DE TERRE
Elle m'avait effacé, oublié. Je n'avais même jamais existé.

Avec les années, J'ai réussi à m'acheter une petite maison, et un terrain. Sauvé !
VOILÀ, ICI JE VAIS POUVOIR PLANTER DES LÉGUMES.
Et puis, à 44 ans J'ai eu de sérieux problèmes de santé.
INVALIDITÉ DE DEUXIÈME CATÉGORIE
MAIS DOCTEUR !
AU REVOIR, CAMARADE HMELIUK.
Je n'avais pas besoin de certificat pour savoir que J'allais mal.
J'étais faible et J'avais du mal à Travailler
TU AS MANGÉ NIKOLAÏ VASSILIEVITCH ?
TU ES BLANC COMME UN CADAVRE
ЛЮК
ASSIEDS-TOI
JE VAIS FINIR TON ROULEMENT
ЛЮК
TU ALLAIS PARTIR ?
ÇA NE FAIT RIEN

Désormais, tout partait en fumée.
ADIEU NIKOLAÏ VASSILIEVITCH
REVIENS QUAND TU SERAS GUÉRI
TU ES ICI CHEZ TOI
BIEN SÛR !
Mais tout le monde le savait, c'était impossible
Je me suis mis à cultiver la terre de mon jardin, comme l'avait toujours fait ma mère.
BAM
BAM
BAM
J'ai restauré la maison, fait des améliorations ; le gaz, puis les chaises, la table, un bon lit.

♫ PO-POO PO-POO ♫ Ici Radio Moscou- Nous interrompons nos programmes pour une nouvelle importante: après une longue lutte contre la maladie s'est éteint...

J'avais trop longtemps travaillé dans des conditions insalubres
РАБОТА
ФАБРIКА
Et je ne me nourrissais certainement pas comme il aurait fallu-
БОЛЕЗНЬ

En 1984, et pendant 6 longues années, je suis resté à moitié paralysé. Les médecins me mettaient en garde...
Que pouvaient-ils faire d'autre ?
LÀ, TU ES PARALYSÉ CAMARADE HMELIUK. MAIS FAIS ATTENTION A NE PAS TIRER TROP SUR LA CORDE
OU TU MOURRAS.
Bras et jambe droits bloqués, usage de la parole perdu
Ma vie était comme finie
НІКОЛАЙ ВАСИЛЕВ
МУЧЕНІК РАБОТЫ
Je n'avais pas d'argent pour les médicaments.
Et je ne pouvais plus travailler.
J'ai écrit des lettres à ma deuxième femme et à mes enfants, leur demandant de l'aide
ils n'ont pas répondu.
Quand mes amis, plus tard, sont allés parlementer avec eux, ils ne les ont pas laissés entrer.
ON NE CONNAÎT AUCUN NIKOLAÏ VASSILIEVITCH. CE N'EST PAS NOTRE PÈRE !
ON NE PEUT RIEN FAIRE. DASVIDANIA

Les voisins, qui me connaissaient depuis le berceau, ont pris mon histoire à coeur. Chacun achetait des médicaments prescrits par personne.
NIKOLAÏ VASSILIEVITCH
JE PEUX ?
Le médecin était un luxe que je ne pouvais plus me permettre. Souvent on cuisinait pour moi.
NIKOLAÏ VASSILIEVITCH COMMENT ÇA VA AUJOURD'HUI ?
BI...EN
Quand il m'arrivait de rester sans nourriture, je pensais...
DEMAIN JE SERAI MORT
Et puis j'ouvrais les yeux et j'étais encore là. Dieu en avait décidé autrement.
Pendant 6 longues années, j'étais comme un chien
ЧЕЛОВЕК
Jour et nuit à 4 pattes.

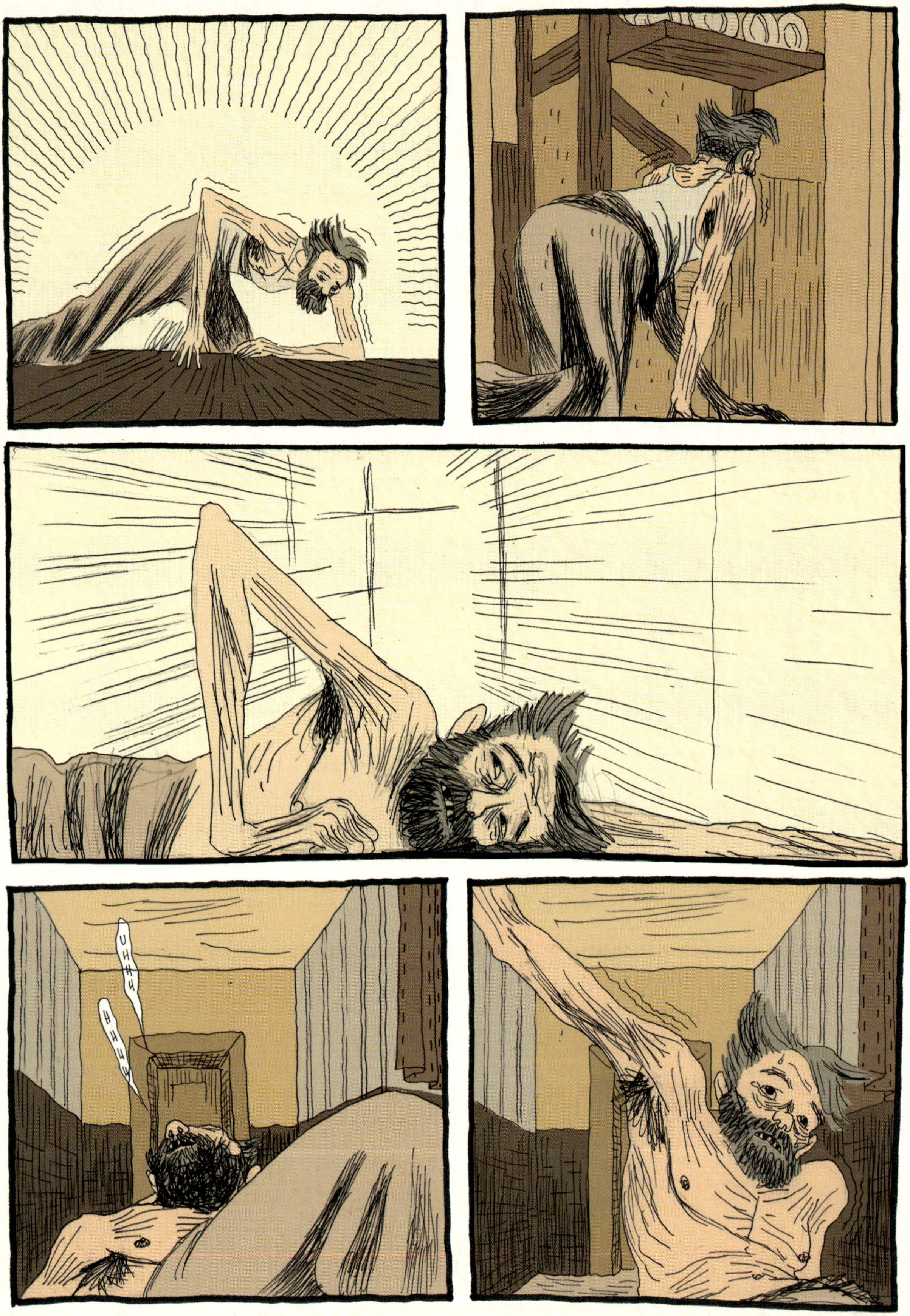
UHHH
HHHH

Pour l'eau...
Pour l'eau, j'allais au puits à genoux, le seau entre les dents-
Je faisais mon jardin, sans l'aide de personne; les gens se lassent vite d'un homme-chien
J'avais des patates, des tomates, des cerises, ce que la terre offrait-
Je me suis mis à faire des exercices tous les jours-
FAUT PAS QUE JE ME LAISSE ALLER
FAUT PAS... PAS
Petit à petit, j'ai recupéré l'usage de la parole
MUA... PE... LLE... NNNIK... OLAIII.. VASSILIE... VIITCH

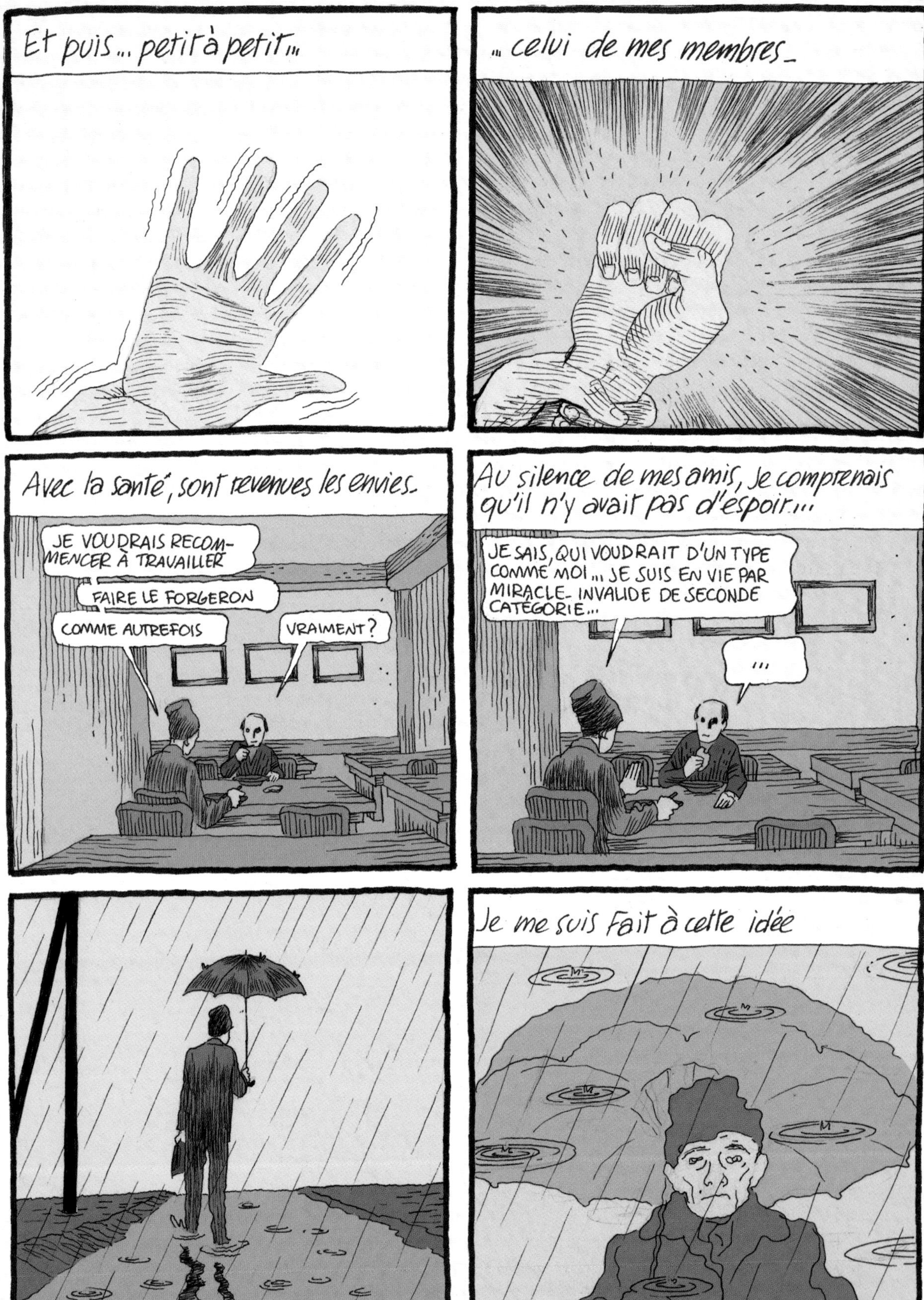
Et puis... petit à petit...
... celui de mes membres.
Avec la santé, sont revenues les envies.
JE VOUDRAIS RECOMMENCER À TRAVAILLER
FAIRE LE FORGERON
COMME AUTREFOIS
VRAIMENT?
Au silence de mes amis, je comprenais qu'il n'y avait pas d'espoir...
JE SAIS, QUI VOUDRAIT D'UN TYPE COMME MOI... JE SUIS EN VIE PAR MIRACLE. INVALIDE DE SECONDE CATÉGORIE...
...
Je me suis fait à cette idée

Puis la crise économique est arrivée et l'eau, l'électricité et le gaz ont augmenté démesurément, tout comme la nourriture; je n'arrivais plus à suivre. Toute ma retraite ne suffisait pas à payer les factures. J'essayai de vendre mes légumes, mais ça ne marchait qu'en été et à l'automne. L'hiver, c'était très dur. Mais je me ne plaignais pas. Au fond, j'avais tout ce qu'il me fallait maintenant : une maison et un jardin. J'avais un toit et de quoi manger et même si personne ne le croyait, j'avais démontré à moi-même que je pouvais encore travailler.
C'est à cette période qu'ont commencé les insomnies. À cause des soucis. Des pensées sur la vie et tout le reste.

Je n'avais plus un seul ami.
Et puis, en ce temps-là, quelque chose arriva.
EXCUSEZ-MOI, ON M'A DIT DE M'ADRESSER À VOUS
JE CHERCHE UNE CHAMBRE
Cet homme était de l'Ukraine occidentale et avait un travail à Dniepropetrovsk.
VOUS POURRIEZ PEUT-ÊTRE ME LOUER VOTRE MAISON ET ALLER CHEZ UN PARENT, JE NE SAIS PAS...
NON, JE N'AI PERSONNE
MAIS, PEUT-ÊTRE...
QUOI ?
Je me suis proposé de l'héberger. Je ne voulais pas d'argent. Je pensais que ça pouvait être un remède contre la solitude.

J'étais un homme naïf.
Le jour suivant, Micha a apporté toutes ses affaires
VOUS AVEZ DE BEAUX VÊTEMENTS
C'EST POUR LE TRAVAIL
JE SUIS INGÉNIEUR EN BALISTIQUE
Au début c'était une colocation civile. Micha, qui était beaucoup plus jeune que moi, se montrait gentil et ouvert.
AH... TU CUISINES?
REGARDE J'AI APPORTÉ DES PELMENI
J'étais heureux de l'avoir rencontré. Je trouvais que c'était un excellent ami, à présent je ne me sentais plus seul.
MON FILS AÎNÉ AUSSI FAIT DES ÉTUDES D'INGÉNIEUR
ILS TE MANQUENT, TES FILS?
OUI, BEAUCOUP
Mais au bout de quelques mois, il est devenu sans gêne et insolent.
SORS D'ICI, TU ME DONNES ENVIE DE VOMIR
VIEILLARD INUTILE
DEHORS!

Un bruit disait que le type était allé chez un notaire. Et avec un faux legs, il s'était fait mettre la maison à son nom.
НОТАРИУС
300 ГРИВ
Je ne voulais pas y croire, mais les choses allaient mal, j'étais devenu un esclave, un hôte indésiré, chez moi.
Un soir, saoul, il a abordé le sujet.
TOI !
JE TE DONNE DEUX JOURS POUR RAMASSER TES AFFAIRES...
J'AI FAIT CHANGER LES PAPIERS DE LA MAISON. TU NE PEUX PLUS RIEN FAIRE. TU N'ES PLUS...
CHEZ TOI
HI HI HI HI
Et donc...
BONSOIR MADEMOISELLE
J'AI RENDEZ-VOUS AVEC MAÎTRE KARMINSKI
ATTENDEZ ICI.
J'ai découvert que c'était vrai, mon Dieu. Pour rétablir la situation, deux mois de retraite, ça ne suffisait pas.
DEUX MOIS !
IL LES A MIS OÙ ?
AH, LES VOILÀ !
GURGLE

J'avais peur que M. me tue ou me fasse mal. J'ai caché son passeport.
S'IL M'ARRIVE QUELQUE CHOSE, SACHE QUE J'AI ÉCRIT UNE LETTRE DÉPOSÉE...
... CHEZ DES AMIS... QUI TE DÉNONCERA À LA POLICE.
JE GARDE TES PAPIERS.
Il a eu peur et m'a laissé en paix.
Au bout de deux mois, redevenu propriétaire, j'ai fait appel à la police
VA AU DIABLE
VIEUX CON
De nouveau seul, je me sentais faible. La santé de pire en pire.
Un jour je me suis évanoui. Je me suis réveillé à l'hôpital.
JE SUIS OÙ ?
À L'HÔPITAL
VOUS AVEZ UN ADÉNOME
VOUS AVEZ BESOIN D'UNE INTERVENTION CHIRURGICALE
J'ai demandé de l'argent à mes enfants, mais rien. On m'a opéré à crédit. Toute ma retraite y passait.
SIGNEZ ICI NIKOLAÏ VASSILIEVITCH
VOILÀ C'EST BIEN

Ça s'était su - Mes voisins, apitoyés, venaient me voir-
NIKOLAÏ VASSILIEVITCH, COMMENT ÇA VA AUJOURD'HUI
TU N'AS PAS BONNE MINE
J'AI FAIT DES BLINY
Ils m'apportaient à manger, mais je ne me rétablissais pas-
À VRAI DIRE IL FAUDRAIT VOUS OPÉRER À NOUVEAU
MAIS, JE VOUS PRÉVIENS ! C'EST TRÈS DANGEREUX
Durant mes jours interminables de convalescence, j'ai rencontré un homme qui venait voir mon voisin de lit-
MOI AUSSI J'AIME GOGOL. GRANDE ÂME-
EH OUI-
Une discussion en suscite une autre, et très vite, on est devenu amis-
BONJOUR COMMENT VAS-TU?
JE T'AI APPORTÉ, DU POISSON FUMÉ
ÉCOUTE NIKOLAÏ, LE TEMPS PRESSE TU ES DE PLUS EN PLUS FAIBLE
J'AI RÉFLÉCHI
QU'EST-CE QUE TU DIRAIS DE VENIR CHEZ MOI...
POUR QUELQUE TEMPS? QUOI QU'IL EN SOIT TU NE PEUX RESTER NI SEUL NI ICI...

Mais le temps passait et j'étais toujours très mal.
ALLONS DANS UN AUTRE HÔPITAL ET VOYONS S'ILS SONT DISPOSÉS À T'OPÉRER
NON, ON EST DÉSOLÉ, LE CAS EST TROP LOURD
ДНЕПР
Au troisième hôpital, après une longue hésitation...
D'ACCORD ON L'OPÈRE DANS QUATRE JOURS
QUI VA PAYER?
QUOI, TU N'ES PAS CONTENT? C'EST UNE BONNE NOUVELLE!
TRÈS BONNE
OUI, OUI, TRÈS BONNE
SEULEMENT J'AI...
Peur.

NIKOLAÏÏI
NIIKOLAÏÏÏI
OÙ VOUS ÊTES
TOUS PASSÉS
MON FRÈRE
C'ÉTAIT MON FRÈRE
MOI, JE N'AI PAS DE FRÈRES

ET MAINTENANT L'ANESTHÉSIE NIKOLAÏ VASSILIEVITCH
TU NE DOIS PAS AVOIR PEUR
PEUR
RESTE TRANQUIIIIIIIIIILLEEEE

Peur
OÙ JE SUIS?
TU ES CHEZ MOI
COMMENT TU TE SENS?
ENGOURDI...
TU AS FAIM?
OUI
J'AI DU PLOV QUE JE VIENS DE FAIRE - ÇA TE DIT?
MAGNIFIQUE
J'ai été son invité un mois de plus. C'était quelqu'un de bon et généreux.
LES NAZIS NOUS TRAITAIENT PIRE QUE DES CHEVAUX. ON TRAVAILLAIT NUS, DANS LA NEIGE...
Une fois rentré chez moi, j'essayais de me reconstruire une vie normale. Tout semblait aller bien, jusqu'au jour où...
UNE LETTRE DE ANDREÏ IOUREVITCH
"Cher N.V., nos discussions sur les arbres et les terres et nos souvenirs d'enfance, devant la cheminée, me manquent...
Дорогой Николай
скучаю по нашему
разговору возле
Je t'écris de Zaporojié, je suis malade, mon ami : cancer. Ma sœur Natalia s'occupe de moi.
NE T'EN FAIS PAS POUR MOI. JE SUIS
ROBUSTE
ÉCRIS MOI. JE T'EMBRASSE. A.I.

On a commencé à s'écrire. Mais avec le temps, ses réponses se sont faites plus rares. Et un jour...
Cher Nikolaï Vassilievitch mon frère m'a beaucoup parlé de vous. Et je sais à quel point il tenait à votre amitié. Elle a été d'un grand réconfort pour lui durant ses derniers moments qui furent difficiles. Hélas...
MORT !
J'avais perdu le grand ami de ma vie.
Après cette nouvelle, j'ai commencé à penser à ma vie d'une façon très différente. Je l'ai aimée à nouveau.
SIMPLE
UN GESTE APRÈS L'AUTRE
ÇA A SON CHARME
MAINTENANT PLANTONS LES NAVETS.
Des fleurs et des légumes. J'ai le plus beau jardin du village.
Quand je me lève, il fait encore nuit. Je salue les plantes et les arbres.

Il me reste plus longtemps à vivre, je le sais- Et quand je ne serai plus là, plus personne ne se souviendra de moi-
QUI? NIKOLAÏ VASSILIEVITCH?
UNE MIETTE
UN GRAIN DE POUSSIÈRE
LA SEMAINE QUI VIENT IL FAUDRAIT QUE J'AILLE CHEZ L'OCULISTE
JE NE VOIS PLUS GRAND-CHOSE...
MAIS... COMMENT LE PAYER?
J'ai fait un rêve l'autre nuit- Je me suis vu dans le ciel, sur un nuage- Je n'avais pas d'ailes, mais des lunettes- Oui, des lunettes-
Alors je vais au marché de Dniepropetrovsk pour vendre les objets de chez moi que j'aime le plus-
Je n'en ai plus besoin maintenant-

Enregistrement recueilli le 12 octobre 2008_

Conformément...

Conformément aux directives de l'OGPU, afin de prévenir la fuite des Koulaks avant l'opération d'arrestation des chefs de famille et des hommes valides- Plus de 35 000 au total-

Suite à cette opération, toutes les mesures ont été prises pour que soient soigneusement respectées les consignes concernant une application stricte de la ligne de classe- Toutefois, on note un certain nombre de déviations de la part de certains fonctionnaires de base- Malgré les consignes strictes, les activistes ruraux ont parfois arrêté des paysans moyens et aussi, à de rares occasions, des paysans pauvres ou Kolkhoziens-

On a remarqué une grande diffusion des excès due au fait que les Soviets ruraux avaient fourni des informations inexactes sur l'origine sociale et la position économique d'un certain nombre de cultivateurs, notamment sur la base de documents fiscaux, en espérant se débarrasser de ces familles.

Souvent ces excès étaient dus à de simples règlements de comptes.

Suite aux mesures et aux campagnes préparatoires mises en œuvre, la déportation des familles Koulaks s'est déroulée dans les meilleures conditions avec un franc succès-

En outre, 150 Koulaks sans famille ont été accompagnés aux convois avec chevaux et matériels agricoles-

le plan prévoyait de déporter 30 000 familles, 131 400 individus ont été déportés. Le plan a donc été dépassé de 1 655 familles.

Sur 131 409 déportés, on compte 46 787 hommes, 38 764 femmes et 45 858 enfants.

Nous avons déjà signalé, dans une série de notes spéciales, le nombre croissant de morts dues à la famine_ Les causes de ces morts ont été confirmées par des analyses médicales et des autopsies organisées par les appareils de district du GPU_

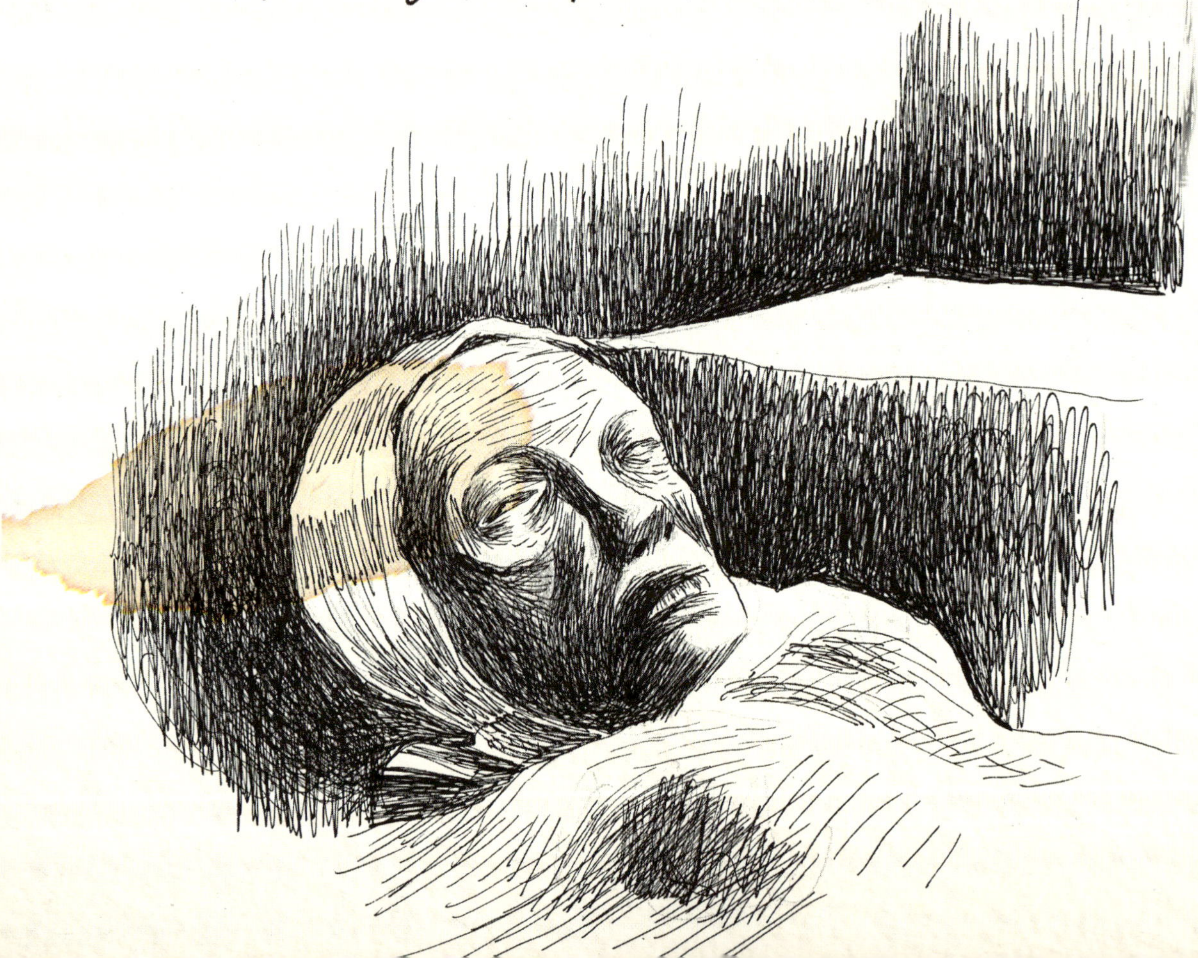

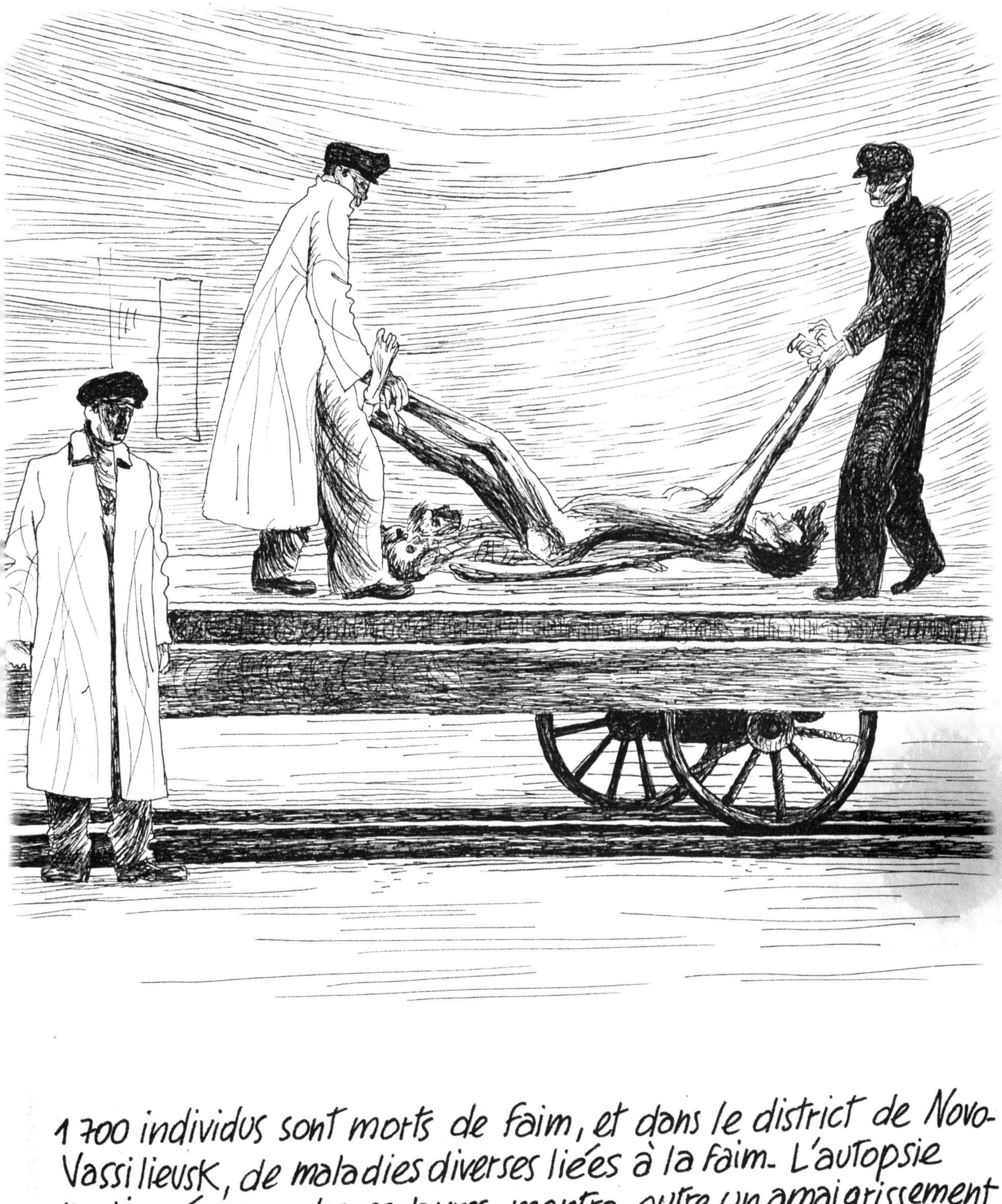

1 700 individus sont morts de faim, et dans le district de Novo-Vassilievsk, de maladies diverses liées à la faim. L'autopsie pratiquée sur des cadavres montre, outre un amaigrissement et un gonflement caractéristiques, une absence totale d'aliments et même de liquide dans les estomacs, l'intestin grêle et la vessie. Cependant, la preuve la plus évidente que ces gens sont morts de faim est fournie par les témoignages des survivants, eux-mêmes dans un état grave.

Au début, des villages entiers s'opposèrent au plan de collectivisation. Ils furent traités comme des prisonniers de guerre, embarqués de force dans des trains et déportés. Mais les conséquences de ces méthodes risquaient de mettre en danger Staline lui-même, qui, en 1932, déclara que ses fonctionnaires avaient été trop zélés.

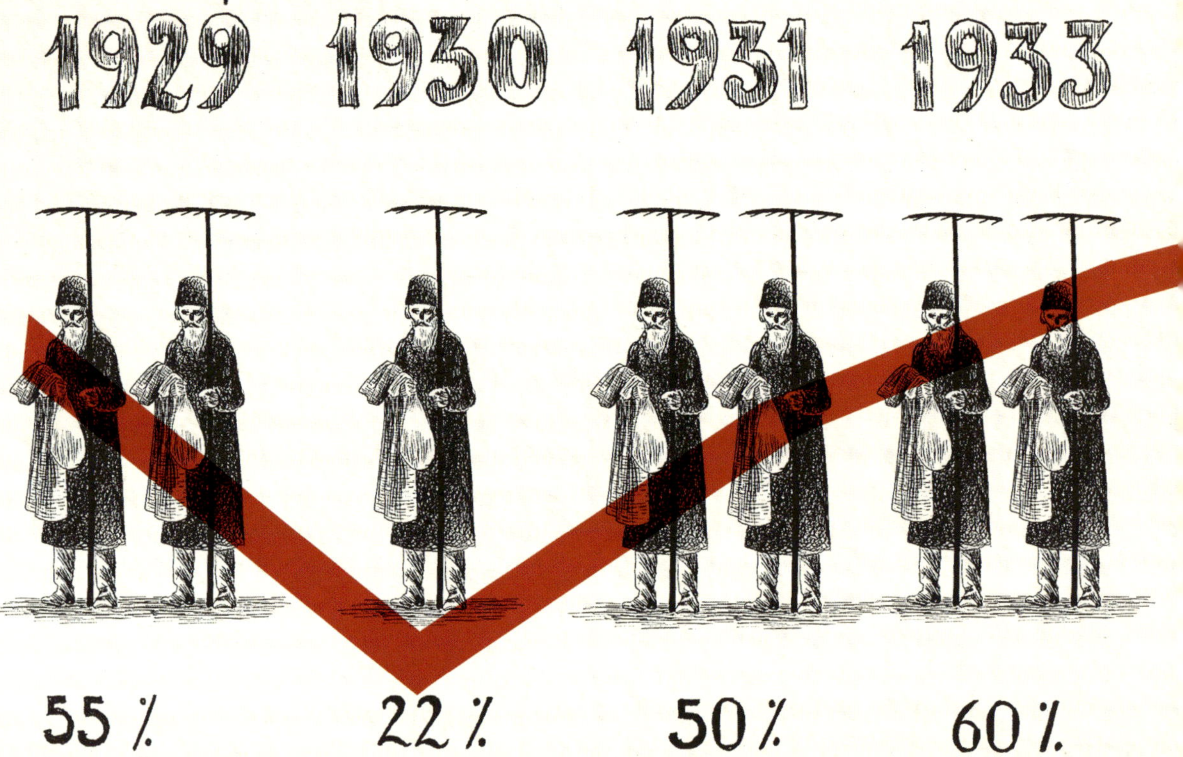

Après la révolte de Riazan, les commandants de l'Armée rouge avaient exprimé leurs doutes sur l'emploi de l'armée contre les paysans. Staline décida donc de ralentir : la collectivisation tomba de 55 % à 22 %.

Mais ce n'était que tactique. Au milieu de 1931, la collectivisation reprit vigueur avec des méthodes plus douces mais inflexibles. Jusqu'en 1936, lorsqu'elle arriva à 90 % et put se dire pratiquement complète.

1936

90 %

Le SOVIET RURAL annonça que les Koulaks (5,6 millions en 1928) étaient en 1934 réduits à 149 000. Mais vu qu'ils ne pouvaient pas être acueillis dans les Kolkhozes et qu'il était interdit de les aider, qu'étaient devenus environ 5 millions et demi de personnes ?

Walter Duranty était le correspondant du "New York times" à Moscou. Célèbre son interview de Staline qui eut un large écho dans la patrie et le rendit bien vu du pouvoir soviétique. Il contribua à la naissance d'un culte de la personnalité du dictateur même en Occident. En 1932, il obtint le prix Pulitzer avec des textes qui avaient la teneur suivante:

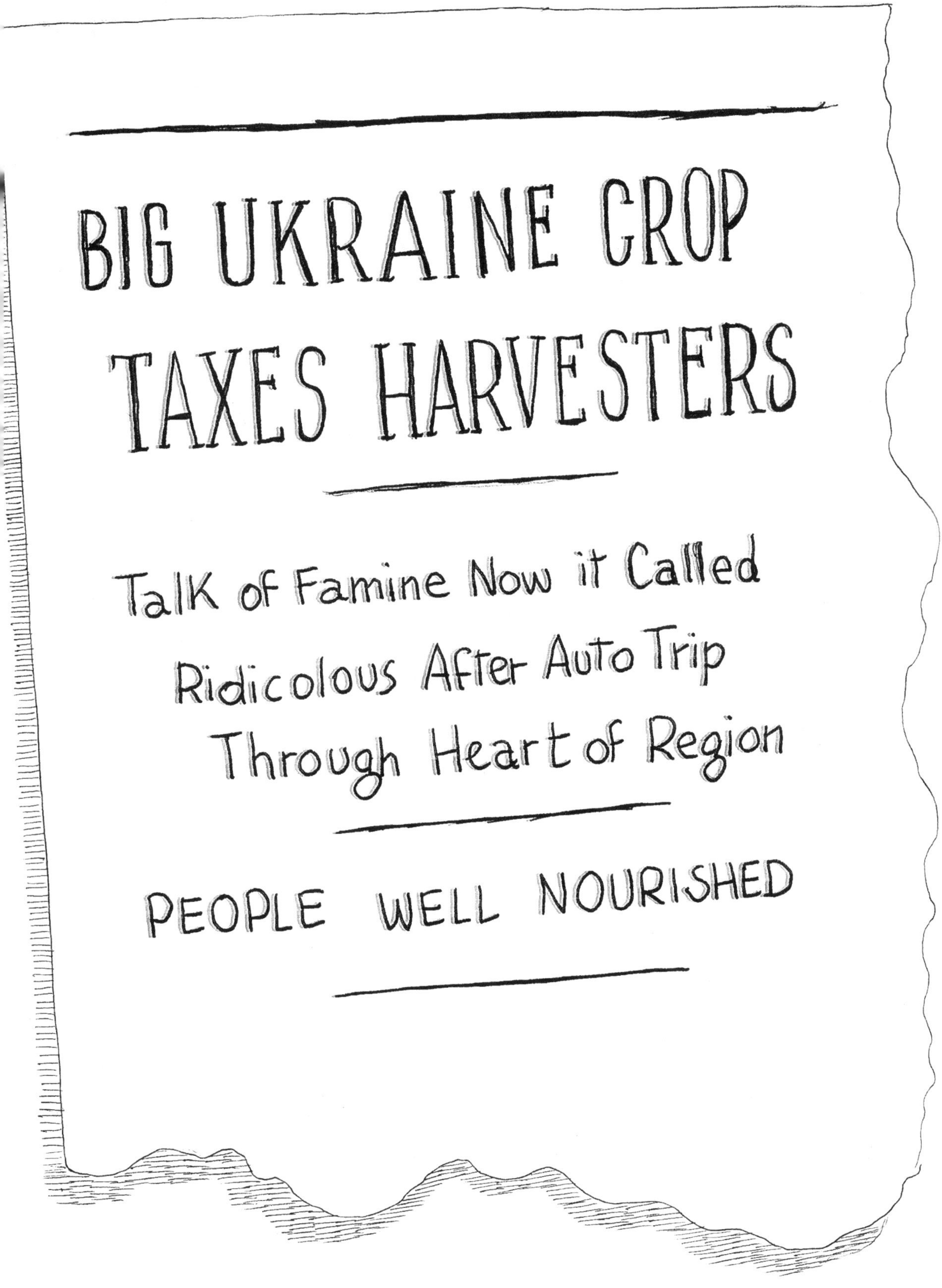

Une magnifique récolte en Ukraine met à l'épreuve les cultivateurs. Parler de famine aujourd'hui est ridicule. Après un voyage en auto au cœur de la région, nous pouvons affirmer que les gens sont bien nourris.

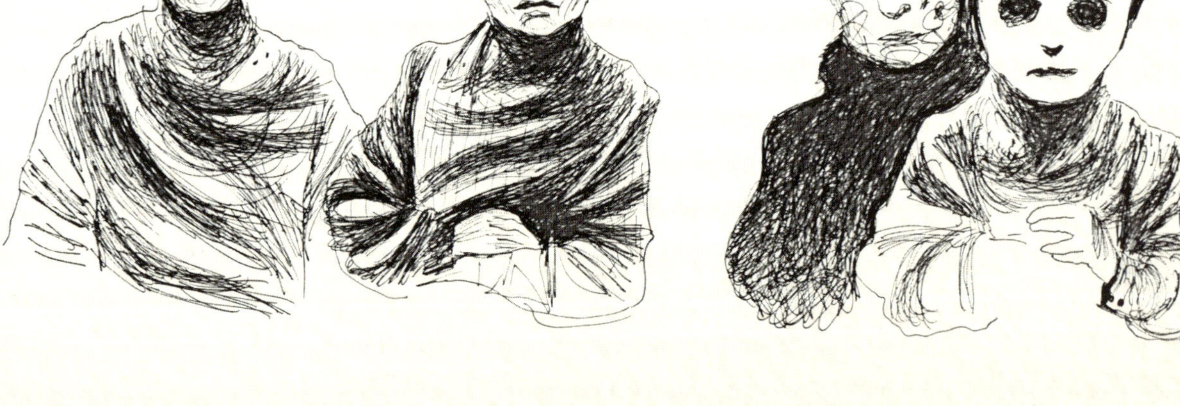

5 600 000
1928

149 000

1934

Ces images furent utilisées par le bureau de propagande en 1930, dans le but de montrer le comportement antisocial des koulaks.

Le blé fut retrouvé par les hommes de l'OGPU caché dans des trous creusés dans le sol, et même dans les tombes. Mais caché de la sorte, il avait fini par pourrir.

Les Koulaks accusés de ces crimes etaient sévèrement punis-
Leur maison, réquisitionnée, était brûlée

La propagande a rendu célèbre et a exalté l'histoire vraie du pionnier Pavlik Mozorov qui, ayant dénoncé ses proches comme Koulaks, fut tué par ses parents-

Histoire de Moria Ivanovna

Il fait froid en ces jours de novembre. Lorsque je la vois pour la première fois, elle est là, à deux pas de Mostcity, le grand centre commercial de Dniepropetrovsk. Elle a devant elle une balance et demande quelques kopecks à ceux qui veulent se peser. Personne ne s'arrête.

Maria Ivanovna est une femme menue, mais à sa façon d'attendre patiemment, de supporter les rafales par moins 20, on comprend qu'elle a une volonté de fer.

Les jours, les saisons passent. Quand je vais au supermarché, je la rencontre et la salue. Je laisse quelques grivnas, elle sourit, reconnaissante. Parfois, je la vois de loin, elle a le regard de quelqu'un qui est perdu dans ses pensées.
Au bout de presque un an, je prends mon courage à deux mains et je lui demande son âge. "84, j'ai 84 ans. Parfois je m'étonne moi-même d'être aussi vieille". La veille de mon départ, je l'invite à manger quelque chose et à me raconter son histoire. Elle doit demander la permission à sa fille qui viendra la chercher à 18h30.

"Qu'est-ce qu'elle fait votre fille?" Je lui demande. "Elle ne travaille pas".

Je suis déconcerté, mais, avec le temps, j'ai appris à écouter sans juger.

Je suis née le 30 Juillet 1925 dans le village de Magdalinovka, district de Prigoradskoï, région de Dniepropetrovsk. Ma famille était très nombreuse, 7 personnes, 3 filles. moi, Galia, Lefrosina et mes 2 frères, Anton et Sacha.
1925
On était pauvres. Mes parents travaillaient au Kolkhoze, mon père était un KHLEBOROB, il cultivait le blé.
Ma mère, qui au début était boulangère, avec le temps, vu qu'elle savait lire et faire les quatre opérations...
... est devenue la comptable du Kolkhoze, une très bonne place.
VOUS AVEZ ÉTUDIÉ AUJOURD'HUI?
VOUS AVEZ ÉTÉ SAGES?
OUI PAPA.

Mon père n'avait pas eu de véritable instruction, il ne savait ni lire ni écrire.
?
Et pourtant, mes parents ont été très attentifs à notre éducation et ils nous envoyaient à l'école tous les jours.
Je me souviens très bien de mon enfance.
J'avais entre 7 et 8 ans quand cette terrible famine est arrivée.
En 1933, au village, tout le monde a été victime des réquisitions. Les brigades spéciales de l'OGPU emmenaient animaux, légumes, maïs, blé...
... n'importe quoi.

VOUS DEVEZ QUITTER LA MAISON AVANT DEMAIN MATIN.
ET ON VA ALLER OÙ ?
C'EST VOTRE PROBLÈME.
AYEZ, PITIÉ.
C'étaient nos voisins, catalogués comme Koulaks.
Grâce au travail de ma mère, on n'était pas des misérables, mais heureusement pas non plus des nantis.
On avait un bout de terre, ce qu'il faut pour un potager. Et une vache qui nous nourrissait tous.
Cette vache, Grounja, nous a sauvé la vie.

ALLEZ, FAITES VITE. SI ON NOUS VOIT, ON NOUS FUSILLE !
Mes parents ont caché du maïs, sous terre.
Quand les hommes des équipes spéciales sont arrivés, ils ont fouillé partout.
Ils n'ont presque rien trouvé, alors ils ont voulu prendre la vache.
JE T'EN CONJURE CAMARADE
ON N'EST PAS DES KOULAKS, ON NE POSSÈDE RIEN !
JE TRAVAILLE COMME COMPTABLE AU KOLKHOZE.

On essayait de survivre par tous les moyens possibles. Ma sœur et moi, on portait le lait au marché
ATTENDS-MOI IEFROSINA...
DÉPÊCHE-TOI
J'EN PEUX PLUS!
Tous les jours, on en vendait de 5 à 7 litres
TU VEUX COMBIEN POUR UN LITRE?
4 ROUBLES CAMARADE
МОЛОКО
ON VIENT DE LE TRAIRE
En ce temps-là le pain, la miche, coûtait 100 roubles. Ils mettaient même de la sciure dedans.
En vendant notre lait, on pouvait acheter un morceau de miche chaque semaine.
HM... SENS COMME IL SENT BON
DONNE-LE-MOI, JE VEUX LE PORTER!
ARRÊTE!
Le lait qui restait servait à nous nourrir, nous. Ma mère le versait dans un boyau de chèvre.
AIDE-MOI MACHA...
VOILÀ, COMME ÇA
... et le cuisait au four. Ça faisait une sorte de fromage
ALLEZ, METTEZ-VOUS À TABLE

En écrasant le maïs, on faisait des beignets ou du porridge.
On ne mourait pas de faim.
OÙ TU COURS MARIA ?
C'EST QUOI CETTE ODEUR NAUSÉABONDE ?
1933
JE ME SENS MAL

C'était l'automne quand c'est arrivé pour la première fois. En jouant, Iefrosina et moi, on s'est retrouvées devant une maison.
?
Elle était ouverte et la puanteur arrivait de dedans.
MARIIAAA
J'ai retenu ma respiration. J'entendais des petits bruits, et un gémissement.
Le vieux Roubanov était prostré par terre, il agonisait. Autour de lui des cadavres avec le ventre gonflé.
!
MARIA... N'ENTRE PAS
MARIA

Ç'a été mon baptême avec la mort. Je regardais les chars passer, dans la ville...
Avec les cadavres entassés, nus.
Il y avait quelqu'un d'encore vivant qui essayait de se libérer, mais il était trop faible pour y arriver.
HHH... ON LES AMÈNE OÙ ?
VIENS...
Ils les déchargeaient dans des fosses communes, on les faisait tomber tous ensemble puis on les recouvrait de quelques poignées de terre.

En 1934, le gouvernement nous a imposé de travailler encore dans le Kolkhoze, alors que presque tout le monde voulait fuir.
Pour sauver notre famille on a décidé de quitter Magdalinovka. On s'est établi à Koulebovka.
Nous avons loué une baraque en bois. La vache était toujours notre principale ressource.
Au marché, on continuait de vendre notre lait. Et avec les gains on achetait à manger.
МОЛОКОО МОЛОКОО
Nous, les enfants, on a repris l'école. Mon père, lui, faisait le porteur.

Ma mère cultivait la terre et nous, les Filles, on lui donnait un coup de main.
À cette époque, elle a eu un accident. Elle se servait de la charrue toute seule. C'était trop et elle s'est fait une lésion au dos.
AH!
Elle ne s'en remettrait jamais.
MAMAN ?
MAMAN ?
ELLE S'EST ÉVANOUIE
Elle ne pouvait pas aller à l'hôpital, nous n'avions pas un rouble.
MAMAN
VIENS, PARTONS
Elle devint même bossue.

Alors en 1935, on a vendu notre vache. Avec l'argent on a acheté de la nourriture suffisamment pour tenir des mois. Et puis quelque chose est arrivé à mon père.
C'était en janvier 1936. Mon père travaillait à Dniepropetrovsk
PARDON CAMARADE JE M'ADRESSE À TOI PARCE QUE TU AS UNE TÊTE HONNÊTE...
MA MÈRE EST GRAVEMENT MALADE, JE DOIS PARTIR CETTE NUIT. J'AI CE PAPIER POUR TOUCHER UN GAIN DE 500 ROUBLES À LA BANQUE...
SI TU ME RENDS CE SERVICE D'Y ALLER À MA PLACE ET DE M'ENVOYER L'ARGENT, TU POURRAIS EN GARDER UNE PARTIE
DISONS 100 ROUBLES
Mon père etait un homme naïf et a cru à l'histoire.
BONJOUR CAMARADE
JE VIENS RÉCUPÉRER UN GAIN DE 500 ROUBLES
UN MOMENT CAMARADE S'IL TE PLAÎT.
CCCP
5
La caissière, en toute discrétion, a appelé la police, qui est arrivée tout de suite.
VIENS AVEC NOUS CAMARADE
NOUS T'ARRÊTONS!

Il a essayé de s'expliquer, mais personne ne l'a cru.
LE TRIBUNAL DU PEUPLE CONDAMNE À UN AN ET HUIT MOIS...
JE SUIS INNOCENT
ATTENDEZ
CAMARADE AVOCAT...
JE SUIS NAVRÉ
J'AI FAIT CE QUE J'AI PU.
Ma mère a été anéantie par ces événements.
QU'EST-CE QU'ILS LUI FONT?
ANTON
Mais elle a essayé de nous donner du courage.
VOTRE PÈRE EST UN HOMME FORT ET HONNÊTE
IL REVIENDRA VITE AUPRÈS DE NOUS ET ON VIVRA HEUREUX
JE SUIS INNOCENT
INNOCENT
JE SUIS INNOCENT
FERME-LA CONNARD

Quand il est sorti, il était très maigre-
SBRAM
KOFF
KOFF
Tuberculeux-
KOFF
KOFF
SALUT ANIA
KOFF
KOFF
SALUT ANTON
SALUT PAPA
Il ne pouvait plus travailler-
Il est mort en 1946
MON ANTON N'A PAS EU LE TEMPS, PAUVRE HOMME
LA VIE L'A MANGÉ VIVANT...
OUI, MAMAN
IL AURAIT TANT VOULU - IL N'A PAS PU...
OUI, MAMAN
C'ÉTAIT UN BRAVE HOMME
UN HOMME HONNÊTE
OUI, MAMAN
IL A FAIT DE SON MIEUX

Peux après je me suis mariée-
OUI!
C'était un garçon pauvre...
JE N'AI PAS GRAND-CHOSE À T'OFFRIR MARIA IVANOVNA
On ne pouvait se payer une maison.
MES PARENTS NOUS AIDERONT PEUT-ÊTRE
OUI.
J'AI PARLÉ AVEC MA MÈRE
CE SONT DES GENS BIEN, TU LE SAIS, NON ?
ET PUIS JE VAIS TROUVER UN VRAI TRAVAIL
L'IMPORTANT C'EST DE RESTER ENSEMBLE
Au début, on vivait chez ses parents.
NA ZDOROVIE
Quand j'ai été enceinte, ils ont été terribles avec moi...

Ils me battaient.
Me faisaient faire les travaux les plus durs.
Et ils fermaient le garde-manger à clé pour que je ne puisse pas toucher à la nourriture.
CLACK
CLACK
En 1947 est née ma fille Valia
Ma belle-mère a acheté, loin de chez eux, une cabane pour les outils, très petite et sans meubles, avec le sol en terre battue.
1950

Valia avait à peine 3 ans. Et tous les jours je devais la laisser seule
TU VAS OÙ ENCORE AUJOURD'HUI MAMAN ?
TU LE SAIS MA CHÉRIE JE VAIS TRAVAILLER
Pendant la journée, elle arrivait...
OUVRE VALIA ! C'EST GRAND-MÈRE.
TOC TOC
ALLEZ, OUVRE-MOI
BONJOUR VALIOUCHKA
BONJOUR MAMIE
JE VAIS TRAIRE. TU VEUX VENIR ?
OUI.
Elle laissait à boire à la petite, puis elle ramenait le seau chez elle pour que je n'aie pas de lait. C'était un rapport difficile.
Avec mon mari, on rêvait d'acheter une vache nous aussi, mais avec quel argent ?
OUI, C'ÉTAIT UNE BELLE VACHE
TU LE SAIS, NON ? ELLE S'APPELLAIT GROÜNJA, ELLE NOUS A SAUVÉ LA VIE...
À TOUS. À MOI ET À MA FAMILLE.
SI ON POUVAIT NOUS AUSSI...
C'était un rêve interdit.

Avant la guerre, j'avais terminé la sixième.
Et puis tout changea. Mes deux frères partirent pour le front.
ANTON
SACHA
Ils étaient très jeunes : 20 et 22 ans. Ils ne sont jamais revenus.
Ma mère a été faite prisonnière par les nazis et revint au bout de 10 mois.
On a vécu dans la terreur pendant 4 longues années. C'était la guerre !
Quand la sirène sonnait, tout le monde courait dans les refuges et, une fois l'alerte passée, on était heureux d'être encore en vie.

Comme mon père j'avais une malformation aux bronches. J'étais fragile mais assez éveillée.
Comme ma mère, j'ai été prise dans le kolkhoze comme secrétaire.
En 1946, je gagnais déjà 60,70 roubles.
On habitait dans une pièce. Village de Magdalinovka Prigoradskoï.
Là où je suis née...
Au temps de Khrouhtchev, je me souviens que la vente de pain blanc n'était autorisée qu'à ceux qui avaient un travail intellectuel. Les autres ne pouvaient acheter que du pain noir.
DÉSOLÉ CAMARADE
MAIS MOI JE NE LE DIGÈRE PAS. C'EST UN PROBLÈME POUR MOI.
ЧЕРНЫЙ Х
CE SONT LES DISPOSITIONS DU COMITÉ CENTRAL.

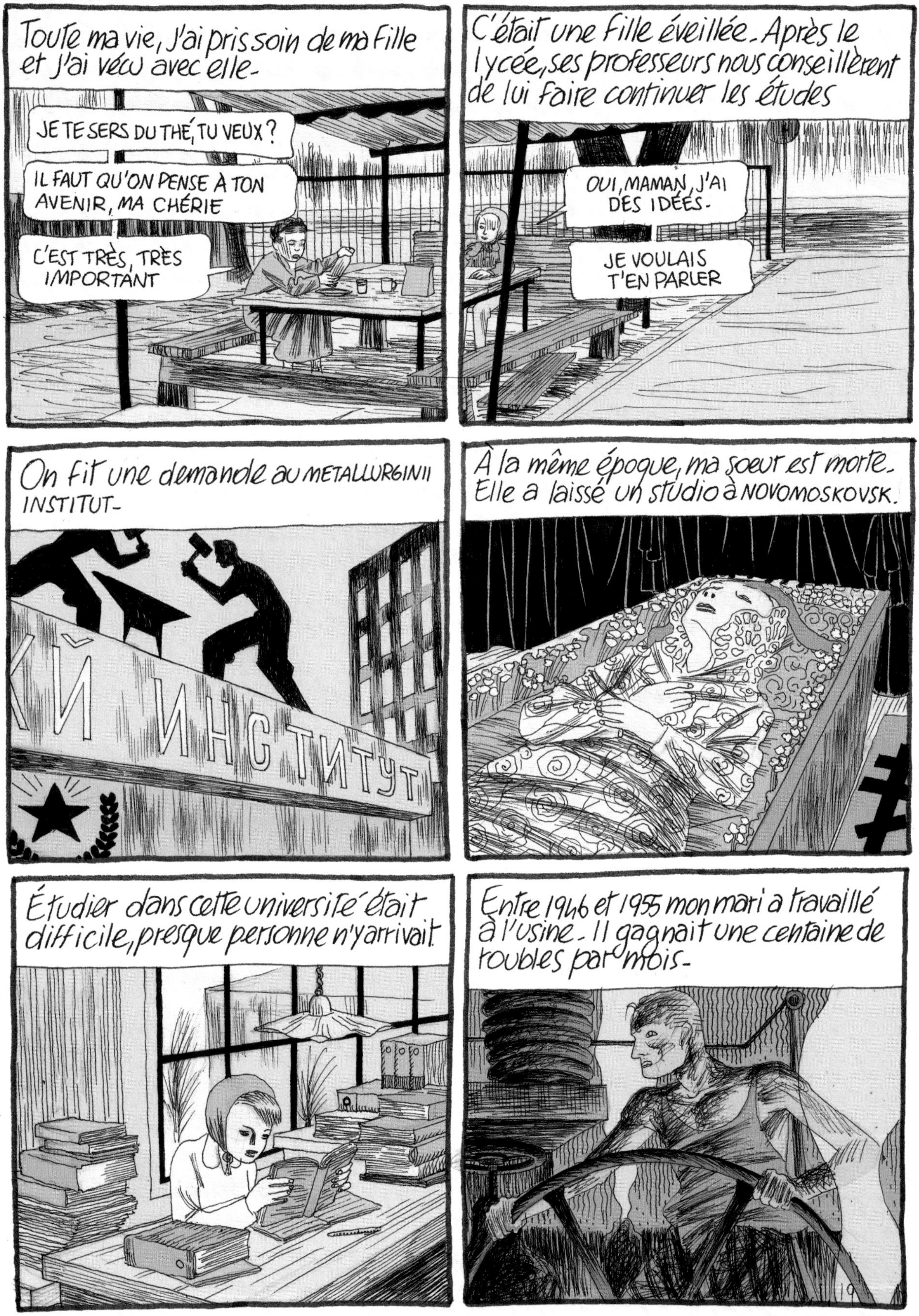
Toute ma vie, j'ai pris soin de ma fille et j'ai vécu avec elle-
JE TE SERS DU THÉ, TU VEUX ?
IL FAUT QU'ON PENSE À TON AVENIR, MA CHÉRIE
C'EST TRÈS, TRÈS IMPORTANT
C'était une fille éveillée. Après le lycée, ses professeurs nous conseillèrent de lui faire continuer les études
OUI, MAMAN, J'AI DES IDÉES-
JE VOULAIS T'EN PARLER
On fit une demande au METALLURGINII INSTITUT-
КИЙ ИНСТИТУТ
À la même époque, ma soeur est morte. Elle a laissé un studio à NOVOMOSKOVSK.
Étudier dans cette université était difficile, presque personne n'y arrivait.
Entre 1946 et 1955 mon mari a travaillé à l'usine. Il gagnait une centaine de roubles par mois-

Puis il est mort subitement d'un accident de voiture.
!
Lorsque ma fille a commencé ses études, j'ai décidé de rester près d'elle.
J'ai vendu le studio de ma soeur et j'ai pris une chambre à l'auberge de jeunesse du district de CHEVTCHENKO.
J'ai commencé à travailler comme secrétaire chez un concessionnaire automobile.

Pendant mes jours de repos, je vendais des billets dans les bus. Lignes 45 et 30.
J'ai travaillé dur toute ma vie.
BILLETS
BILLETS
Après avoir fini l'université, ma fille est tombée amoureuse d'un jeune. Ils se sont mariés 5 mois après.
VRAIMENT ?
C'EST UNE PROPOSITION DE TRAVAIL INTÉRESSANTE
Ils sont allés en Corée du Nord, travailler comme ingénieurs à un projet nucléaire secret.
CCCP
CCCP
Mais ils sont tombés malades et sont revenus au bout de deux ans.
JE N'EN PEUX PLUS
MON DIEU !
Elle avec un sérieux problème de thyroïde, lui avec des ennuis au cerveau.

Je me souviens très bien de la vie au temps de Bresnev, la nourriture était bonne et coûtait peu!
Et les vêtements, qui étaient coûteux, on pouvait les acheter à crédit.
ПОБЕДА КОММУНИЗМА
НЕИЗБЕЖНА
Comme tout le reste
CRIK
CRIK
CRIK
CRIK
Quoi qu'il en soit, j'ai su que ma fille ne pouvait plus avoir d'enfants.
Aujourd'hui, son mari a une pension d'invalidité. 1 000 grivnas (environ 83 €)
HUI
HUI
HUI
HUI

Avec le temps, il a sombré de plus en plus dans la dépression et est devenu agressif, avec nous et avec lui-même. Il voulait se tuer. On a même dépensé l'argent qu'on n'avait pas pour le soigner, 6 000 dollars, demandés à la banque, mais ça n'a servi à rien. Aujourd'hui on rembourse avec nos retraites, la mienne et celle de ma fille. Maintenant j'attends la mort. Au moins ma fille pourrait vendre l'appartement.

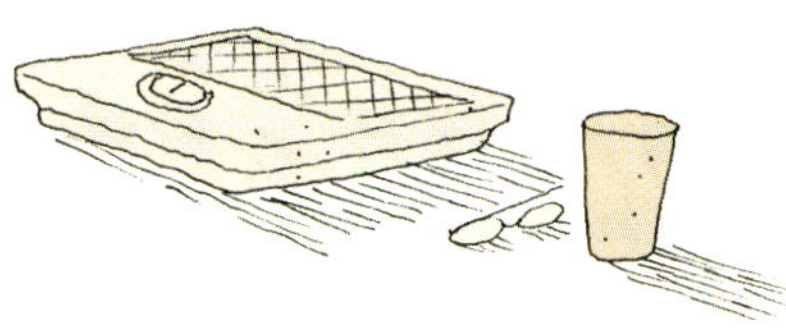

Enregistrement recueilli le 12 septembre 2009

la terre

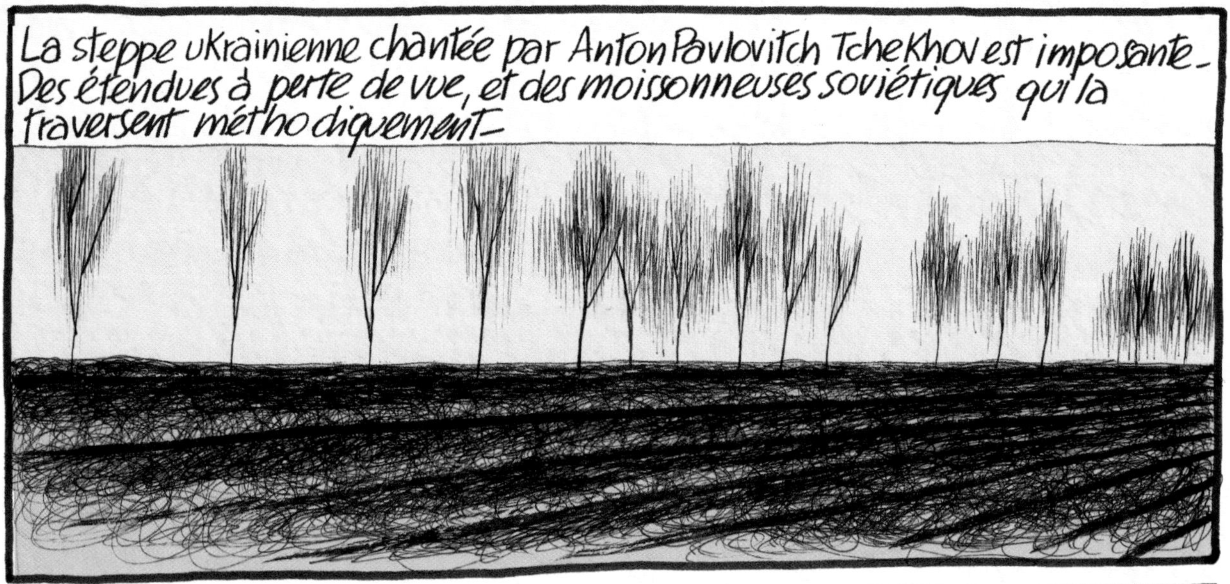
La steppe ukrainienne chantée par Anton Pavlovitch Tchekhov est imposante. Des étendues à perte de vue, et des moissonneuses soviétiques qui la traversent méthodiquement.

Ici, avant, il y avait un Kolkhoze qui nourrissait toute la région. Aujourd'hui le néant. Terres immense le plus souvent abandonnées, non cultivées. Le silence bourdonne dans les oreilles.

Non loin Gorkova, village de quelques centaines d'âmes.

Trois routes en tout, deux débits de boissons que certains appellent café et le noir profond d'une nuit sans lampadaires.
Sans eau courante, ni gaz, ni eau chaude, ni internet. Avec des lignes téléphoniques de guingois.
À prendre la douche dans une cabine en bois, dehors. On s'habitue à tout. La patience des paysans ukrainiens est proverbiale.

Chez Emilia Vassilievna- À attendre l'orage, assis dehors- Je vois le ciel se couvrir et je perçois le grondement du tonnerre au loin-
J'ai du temps pour penser, immergé dans la nature ukrainienne, dans la vie fragile des animaux- Entre les oies qui picorent ce qu'il reste d'une tranche de pastèque-
Emilia parle toute seule de la pluie qui va venir, et allume la radio- Sous la pergola et partout dehors, se répand une musique de 4 sous

Je pense au jour d'avant, à la course en sidecar au milieu des champs pendant des kilomètres, en compagnie de Sacha.
Qui conduit torse nu, sans casque, indifférent au bruit assourdissant. "Ça, c'est notre mer," me dit-il avec ironie, et il me montre un canal.
De l'eau verdâtre et marécageuse, puis plongeons et rires, l'été dans la steppe.

La tristesse arrive en traître, quand on affronte le sujet de l'AVENIR-
Tristesse tristesse tristesse tristesse
tristesse tristesse tristesse
БУДУЩ.
Tristesse Tristesse Tristesse
Tristesse Tristesse
Parce que Serioja, Sacha, sa copine, ne savent pas vivre dans ces terres, ni qu'en faire-
Et ils ne rêvent même pas, car personne ne le leur a appris-Il n'y a pas d'espoir, rien que de l'étourdissement et de la confusion-

Le ciel est violet à présent et tout bruisse, les animaux le sentent, l'orage qui arrive- "Sabatchka", le nom du chien dans le récit de Tchekhov, en russe, ça veut dire, tout simplement "petit chien"-
Emilia me dit qu'elle a donné ses merveilleux pirojki aux choux qu'elle a faits la veille à ses petits chiens-
C'est un vrai remue-ménage dans la cour, mais la pluie ne semble pas venir-
BROANN
Et puis les premières gouttes, enfin

Histoire de Nikolaï Ivanovitch

Nikolaï Ivanovitch est né et a vécu dans la steppe. C'est là qu'il a rencontré et épousé Emilia Vassilievna, du temps des Kolkhozes. Il n'a pas voyagé et n'envie pas la vie en ville. "Je suis bien là, me dit-il. J'ai mes enfants, ma famille" et il regarde autour de lui.

Je sais qu'il aime se tenir informé, alors je lui ai apporté des journaux russes et ukrainiens. Il sourit et me remercie tandis qu'il m'invite à goûter le borchtch tout frais.
Il fait chaud, le temps est suspendu.
Je pense vraiment que la vie pourrait être plus simple.

Je suis né le 10 mai 1939 dans la région de Zaporogsti. J'ai commencé l'école tard, à 8 ans, et je suis resté avec profit jusqu'à la dixième forme.
1939
Il fallait que je bosse. Donc même si j'étais inscrit au lycée, j'ai arrêté au bout d'un an pour aller conduire le tracteur.
Je sortais à 5 h du matin et revenais vers 6,7 h du soir. C'était un travail dangereux mais qui me plaisait
J'avais un bon salaire, du blé, de la nourriture et même un diplôme d'État
NIKOLAÏ IVANOVITCH PICHKO
SIGNE ICI CAMARADE

Quand le Kolkhoze Ioubleviny a fusionné avec le Kolkhoze Peremogec on produisait du blé pour toute la région-
ИНИ
On en était fiers-
5
À cette période les villages s'étaient mis à pousser comme des champignons-
OUI, J'AI DÉCIDÉ
TU ES SÉRIEUX ?
JE VEUX ÉTUDIER L'INGÉNIERIE
ÇA NE COÛTE PAS TRÈS CHER
ET C'EST UN TRAVAIL TRÈS DEMANDÉ...
PÀ, J'AI EU UNE BOURSE D'ÉTUDES DU GOUVERNEMENT
REGARDE

Il y en avait qui étudiaient tout en travaillant.
OUF... INGÉNIEUR C'EST MIEUX!
Mais on commençait à travailler très tôt, dès l'adolescence.
JE TE DIS QUE J'EN AI PAS ENVIE
GROUILLE-TOI, VANIA, AVANT QUE MAMAN T'ENGUEULE!
FOUS-MOI LA PAIX
La terre ici était très bonne. Et beaucoup sont arrivés d'autres régions pour la travailler.
Les gens ont vite oublié la faim et la famine.
Pendant le communisme on se sentait quelqu'un. Tout était à bon marché. une bonbonne de gas coûte 80 grivnas.
ЗАКУСКИ
МОСКВА
ФОТО
КИНО

Aujord'hui ça coûte 113 grivnas, une fortune. Quand on pense qu'une retraite c'est 550 grivnas.
Quand les villages ont commencé à grandir, ma femme et moi avons changé de maison.
C'était en 1974. Avant on vivait à l'ancienne
1974
Mais quiconque travaillait au Kolkhoze avait droit à une maison.
Celui qui travaillait en ville, dans les usines ou dans les bureaux attendait des années. Le gouvernement te donnait un coup de main.

Au début on te mettait dans une auberge et puis...
... en fonction du nombre d'enfants et de ton emploi, au moment voulu, on te donnait un logement, au centre même.
On s'aidait, entre Kolkhozes.
CAMARADES
ILS ARRIVENT DEMAIN
ON ARRIVERA AUX QUOTAS PRÉVUS
Il y avait les moissonneuses, les tracteurs et les ouvriers qui partaient.
pour aider un Kolkhoze en difficulté. On restait une ou deux semaines. Et puis arrivaient les primes du gouvernement.

Quand Rozov est arrivé de Moscou, après la chute de l'Union soviétique, il a fait un beau discours.
Il a dit que nous avions tous vécu la période la plus heureuse de notre vie.
CCCP
Aujourd'hui qu'on vit à une époque de capitalisme, les gens ne pensent qu'à eux.
Et les terres... les terres...
Sont abandonnées.

"Les terres sont abandonnées". Cette phrase continue à résonner pendant des jours, des semaines dans mon esprit. Une nation riche, florissante, indépendante, considérée autrefois comme le grenier de l'Europe, est aujourd'hui réduite à la misère. Après la chute du communisme, est morte la mystique soviétique de la production industrielle. Les plans quinquennaux, les kolkhozes sont de l'archéologie. Aujourd'hui on vit par inertie. L'homo sovieticus ukrainien est un être perdu, sans rôle. On considère l'homme d'État russe le plus aimé en Occident, Mikhaïl Gorbatchev, responsable de cette catastrophe effroyable. Le secrétaire général du PCUS que tout le monde, autrefois, en Ukraine appelait à mi-voix "secrétaire 'minéral'".

NIKOLAÏ IVANOVITCH

EMILIA VASSILIEVNA

La voiture attend pour m'emmener dans la grande ville. Les salutations et puis, discrètement, presque sans se faire voir, Nikolaï Ivanovitch me donne une lettre.

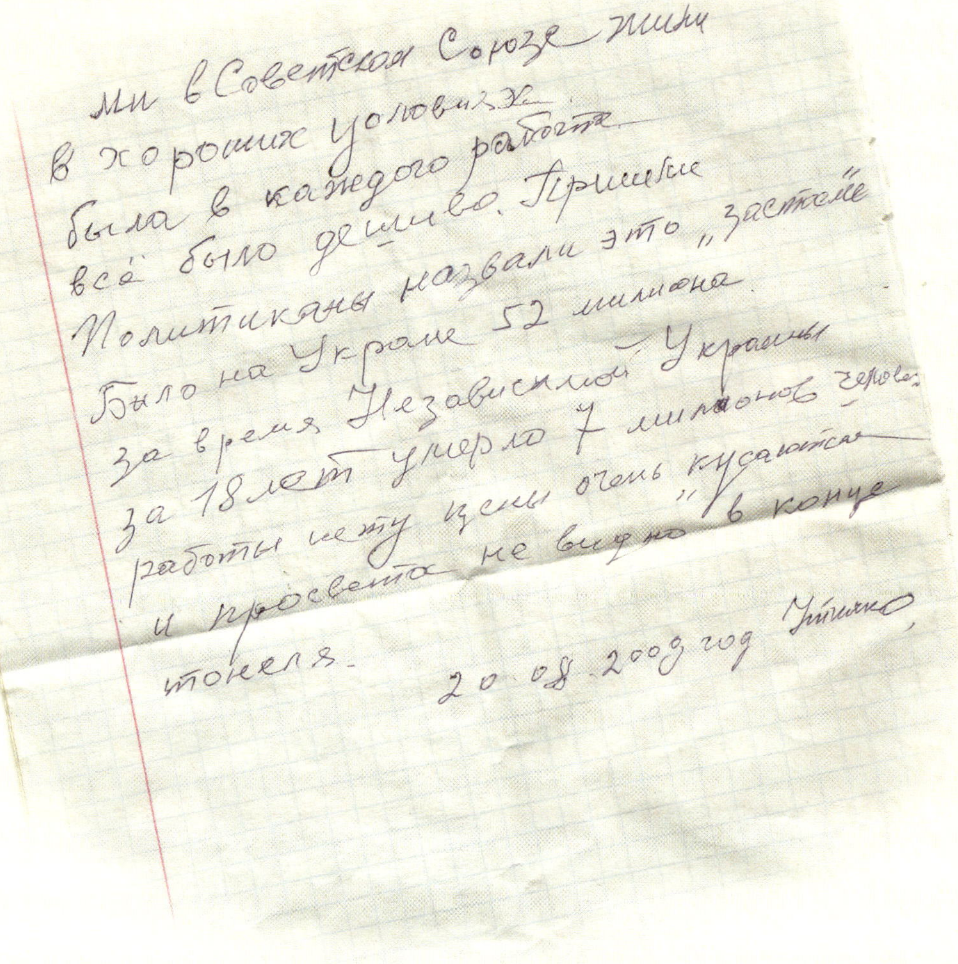
Ми в Советском Союзе жили
в хороших условиях.
была в каждого работа.
всё было дешево. Первые
Политиканы назвали это „застоем"
Было на Украине 52 миллиона.
за время Независимой Украины
за 18 лет умерло 7 миллионов человек
работы нету цены очень кусаются
и просвета не видно в конце
тонеля.
20.08.2009 год

En Union soviétique on vivait dans de bonnes conditions. Tout le monde avait du travail, tout était à bon marché. Les premiers politicards ont appelé cette période "Zastoïem" (période de développement interrompu).
52 millions de personnes vivaient en Ukraine, mais depuis son indépendance, en 18 ans, 7 millions de personnes sont mortes. Aujourd'hui, les gens n'ont pas de travail, les prix ont grimpé et personne ne voit le bout du tunnel.

Radiatsia

C'est l'été, les châtaigniers en bas de la maison sont malades- Les feuilles, jaunies, sont comme brûlées, tachées-
Quand je demande à Anatoli, qui vit dans la steppe et connaît la nature, quelle est leur maladie, il prend une feuille, l'étudie et dit:
RADIATSIA
Depuis Tchernobyl ils sont habitués au phénomène-
Et peut-être même avant. Il n'empêche que quand ça arrive, les arbres jaunissent en quelques minutes-
SAVOIR CE QU'IL Y A DANS L'AIR- QUI TOMBE AVEC LA PLUIE ET BRÛLE-
De "Kommersant" du 31 août 2009- "Le procureur de la région de Kiev Alexandre Gardecki a découvert que 27 caisses radioactives sont enterrées à Tchernobyl...

Elles contaminent les bords du Dniepr et la nature environnante
De plus on a découvert que de la nourriture infectée provenant de la région a été envoyée par les cultivateurs à de la famille dans d'autres régions-
Ou mise en vente sur le marché, en dépit de la loi-
Plus de 200 personnes on été arrêtées, accusées d'avoir chassé dans les zones interdites-
De nombreux témoins parlent d'un poisson anormal, long de 3 mètres, pêché dans ces eaux-
Certains lui ont donné le nom de Petia- On ne sait pas dans quels restaurants il a été servi-"

13 juillet 2009 - Sur le bord de la route, chèvres et veaux, attachés, pâturent.
Il fait chaud et l'atmosphère est immobile, comme si le temps s'était arrêté -

Lorsque j'entre, Serafima est là, allongée sur le lit, dans une maison qui n'est pas à elle -

Elle a besoin de soins. Maintenant elle habite avec son fils - Elle a honte de se montrer réduite à ça, une brindille, vulnérable -

Tout est arrivé en quelques mois : elle est tombée malade et a été opérée contre sa volonté. "Laissez-moi mourir", continuait-elle à répéter à ses enfants. Aujourd'hui, elle a perdu 20 kilos : on ne dirait plus que c'est elle. Ses yeux brûlent dans la pénombre, avec éloquence.

Je la salue et je sors de la piece. Je ne veux pas créer d'embarras. C'est le jour de mon départ, sa petite-fille lui dit quelque chose, elle répond d'une voix qui ressemble à un pépiement.

Serafima Andreïevna meurt moins de 2 semaines plus tard-
Le 26 Juillet 2009-

Dans la sérénité, sans lutter-

Épilogue

L'Ukraine d'aujourd'hui cherche l'appui international pour que l'Holodomor soit reconnu au palais de verre de l'ONU comme génocide. La Russie, membre permanent, a droit de veto. Elle menace de l'exercer.

Nous sommes le 26 septembre 2008, l'Ukraine retire sa motion.

Reconnaissent la famine comme crime contre l'humanité : Argentine, Azerbaïdjan, Belgique, Canada, Estonie, Géorgie, Italie, Lettonie, Lituanie, Moldavie, Pologne, États-Unis, Hongrie, Vatican.

On vient de l'apprendre : de nombreuses gigantographies de Staline seront affichées dans les places principales de Moscou dès le 1er avril 2010. "Qu'il sourie", recommandent les dirigeants du ressuscité parti communiste.
Et, hélas, ce n'est pas un poisson d'avril.

Post-Scriptum

Septembre 2014. Vu la gravité de la situation, je me sens obligé de publier un post-scriptum dessiné. Actuellement une guerre sanglante frappe l'Ukraine. Rapidement reléguée dans la rubrique « Guerre civile » par les médias occidentaux, cette guerre n'oppose pas les habitants des régions russophones aux ukrainophones ; en réalité, c'est une guerre d'invasion de la part de la Fédération de Russie, une guerre invisible, non déclarée, menée, avec grand déploiement de moyens, par des militaires sans écussons et des chars sans fanions. Sous la menace des armes a été imposé un référendum bidon, qui a fourni une majorité favorable à l'annexion de la Crimée par la Russie. À la suite de quoi le Kremlin a mis le feu à la poudrière des régions orientales. Avec des agents infiltrés, il a fourni armes et moyens afin qu'explose l'enfer fratricide. Je laisse les considérations politiques aux soviétologues. Mais ce qui est clair, c'est que cette guerre, tout comme la déchirure qui s'est créée entre la population d'origine russe et celle d'origine ukrainienne, a ses racines dans la tragédie qui est racontée dans ces pages. Suite à l'Holodomor, une fois l'Ukraine revenue sous l'égide soviétique, Staline avait besoin de sa production. L'Ukraine était-elle, oui ou non, le grenier de l'Union soviétique ? C'est dans ce but qu'il fut décidé de déporter plus de deux millions de Russes dans les régions orientales de l'Ukraine, celles qui étaient les plus touchées par la famine.

Les Russes s'y sont installés et, avec le temps, se sont adaptés, à tel point qu'ils y ont vécu pacifiquement et ont donné naissance à des familles mixtes dans lesquelles on parlait couramment le russe et l'ukrainien. Aujourd'hui, ces tensions, que le Kremlin alimente de façon magistrale, provoquent douleur et souffrance à une population ukrainienne déjà épuisée par la misère.

Les pages qui suivent sont des fragments de vie, recueillis jour après jour en écoutant la voix rugissante de la guerre. Aujourd'hui la catastrophe est sous les yeux d'une Europe stupéfaite, otage du gaz et du pétrole russes, qui feint de ne pas voir la dimension d'une absolue tragédie, comme ce fut le cas dans les années trente. Ces petites échardes témoignent d'une vie qui change, d'une terreur qui monte, d'un mal sans doute inévitable.

RÉCIT DE JUIN

La guerre était restée la seule option. Alors en Ukraine on a commencé à enrôler de jeunes garçons et on les a envoyés en mission, sans entraînement militaire.

Lorsqu'ils les ont vus arriver, dans un nuage de poussière qui s'est déposé pendant des centaines de mètres sur les maisons, dans la commune d'Akimovka (oblast de Zaporijia), ils ont eu peur. Était-ce le signe que les affrontements allaient réellement se produire ? Et puis ils les ont regardés avec attention : ce n'était rien d'autre qu'une division de gamins venus probablement protéger les tuyaux du gazoduc qui passe par Herson. 120-150 jeunes, d'une vingtaine d'années.

Ils ont formé de petits groupes, et chaque groupe était responsable de son matériel. Camions et blindés étaient à l'arrêt, sans carburant.
Quelques officiers sont donc partis, direction le commandement, pour aller chercher de l'aide. Ils auraient dû revenir mais ils ont disparu dans le néant. Pour les jeunes ça ne faisait plus aucun doute : ils devaient se débrouiller tout seuls...

En trois jours, ils ont construit une nouvelle réserve. Anastasia a été heureuse de leur donner un sac de pommes de terre et un sac de semoule de blé.

Et puis les autres habitants du village ont commencé à les faire entrer chez eux et à leur donner de la nourriture. Les anciens racontaient la dernière guerre, ils l'avaient vécue et se souvenaient en sanglotant de ces vieilles histoires.

Dans leur campement, ils avaient construit des tentes avec les bâches des camions. Et avec du bois, deux cabanes qu'ils avaient isolées avec du film plastique pour se protéger de la pluie. Le peu de nourriture qu'ils réussissaient à se procurer était équitablement partagé, même s'ils étaient nombreux. Et ils avaient besoin de tout. L'eau, ils la prenaient dans le canal. Bref, ce n'était pas simple.

Et puis les habitants du village ont commencé à venir dans le camp improvisé et à apporter des bidons d'eau potable, du pain, de la farine, des légumes. Un centre de collecte a même vu le jour à la mairie. Tous les jours, les babouchkas venaient dire bonjour et embrasser ces jeunes qui auraient pu être leurs petits-fils.

L'une d'elles, Lena, était connue pour ses piroshkis, ces petits pains fourrés ukrainiens. Avec la farine, les pommes de terre, les oeufs que les autres habitants du village lui apportaient chaque nuit, elle en préparait des centaines. Elle les disposait ensuite, avec ordre, dans les boîtes que son mari ou les jeunes du village apportaient aux soldats chaque matin, de bonne heure. En somme, les soldats ont commencé à les attendre, ces piroshkis aussi bons que ceux faits à la maison.

Les anciens aussi, qui avaient constaté que les jours passaient et que la situation n'évoluait pas, se sont décidés à faire quelque chose. Préoccupés par ces jeunes oubliés dans la steppe, ils se sont mis à interpeller diverses autorités. Et un député d'Akimovka s'est manifesté, qui a demandé de l'aide aux autres villages voisins. De leur village, les gens apportaient du lard, du pain, des cornichons salés, des cornichons frais, des tomates, du lait, du fromage et plein d'autres choses, comme des chaussures, ou des blousons, tout ce qui pouvait servir.

Une femme a apporté plusieurs paires de chaussettes chaudes, provoquant l'hilarité générale. Il faisait une chaleur terrifiante. Mais elle, sans se démonter, a répondu : « Nos enfants auront aussi besoin de ça, après. »
Elle connaissait les temps russes, qui ne sont jamais rapides, et prévoyait que la guerre continuerait jusqu'à l'hiver. Comme ça s'est effectivement produit.

La cent deuxième division blindée est restée abandonnée dans la steppe pendant presque un mois. Lorsqu'ils ont dit au revoir aux habitants du village, les jeunes connaissaient désormais chacun par son prénom. Le député d'Akimovka n'a plus donné signe de vie, il reviendra certainement pour les prochaines élections. Les deux officiers aussi se sont volatilisés.

Igort, octobre 2014

C H A R B O N

Ukraine orientale. Septembre 2014

Et puis la tristesse l'a gagné. Lui qui n'avait jamais touché à aucune combine, en devenant complice d'un commerce clandestin, il avait l'impression d'être un voleur.

Avec cette guerre, les forêts de la steppe disparaissent. Nombreux sont ceux qui vont, sans aucune honte, couper les arbres, pendant la nuit, voler le bois pour le vendre à la place du charbon. En quelques semaines, s'est monté un marché florissant. Personne ne veut rester dans le froid. Et le prix du bois a autant augmenté que celui du charbon. 3000 grivnas. Une petite fortune.

(Enregistrement effectué et dessiné par Igort, Akimovka, Ukraine.)

En attendant, comme ça arrive toujours dans toutes ces satanées guerres, il y a des victimes des deux côtés.

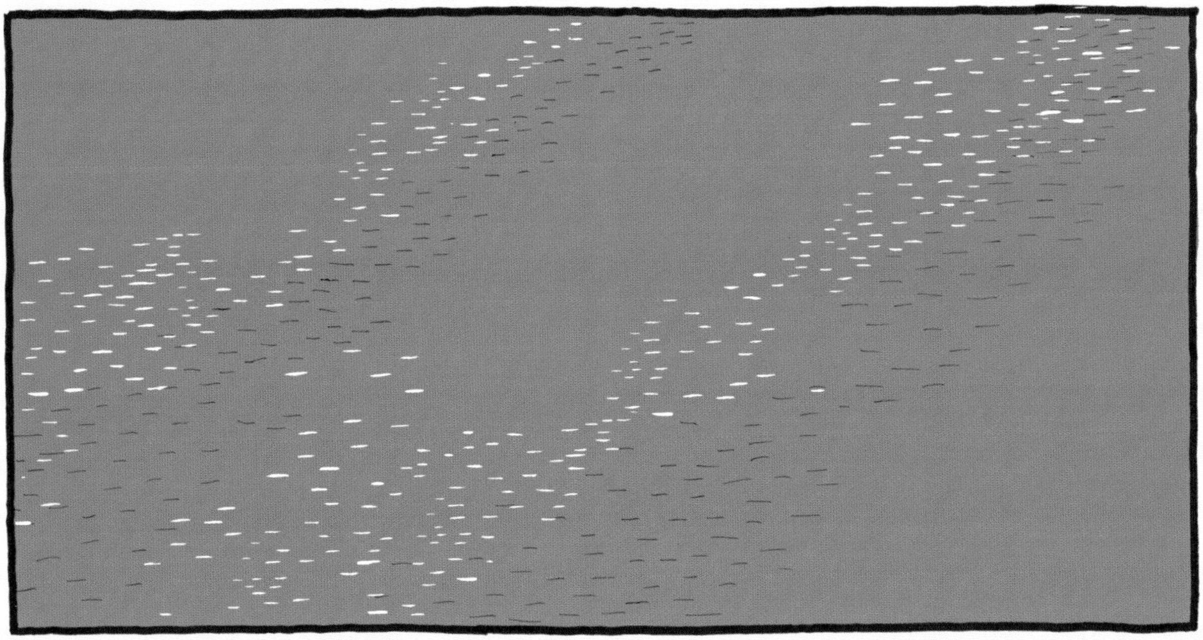

Imaginez la mer du Nord, dans la baie de Kola, à 32 km de la mer de Barents, tout près de la frontière russe avec la Norvège et la Finlande. Notre histoire commence là, dans ces eaux glaciales, où se reflète la silhouette des grands navires de guerre de la flotte du Nord.

C'est une histoire vraie, qui est arrivée en septembre 2014 à un jeune sans rien de particulier, un lieutenant de la marine russe. Ce n'était pas un activiste, ni un sanguin, mais simplement un homme qui avait pris une décision. Un homme juste qui a payé le prix de son choix. Écoutez son histoire, c'est une...

LA BALLADE DE EVGENY MYAZIN

Durant les rares permissions au cours desquelles il rentrait chez lui, dans la taïga sibérienne, il aimait rester au-dehors. Il jouait avec son chien Popov, un bâtard de 3 ans auquel il s'était attaché. Les espaces ouverts lui manquaient, tout comme les silences de sa terre, même si le mystère de la mer avait fini par l'absorber. Il restait trois jours à contempler, puis il revenait les pieds sur terre, parmi ses amis, racontait des histoires et plaisantait. « T'as été où, Evgeny? », lui demandaient-ils.

Il était parti dans la marine, Jenia, laissant sa copine, la maison de ses parents, son chien, pour rejoindre Mourmansk où il était en garnison. La plus grande ville du cercle polaire arctique. « Ici les eaux ne gèlent jamais, grâce aux courants du golfe. » C'est ce que lui avait appris Misha, parti comme lui en tant que volontaire dans la flotte du Nord. Pour le reste, en hiver, le froid était comme chez lui. « Dégueulasse », comme il l'écrivait dans ses lettres à Katya. Le temps ne passait jamais, et Jenia comptait les nuits loin d'elle. Ils voulaient se marier, dès qu'ils auraient mis assez d'argent de côté pour fonder une famille.

« Tu la connais celle sur la mère qui écrit à son fils en prison ? » lui demandait Misha, sournois. « Oui, je la connais. » Ils se l'étaient racontée une dizaine de fois. Et pourtant, pour tuer le temps, ils continuaient à se raconter les mêmes blagues et à faire des photos stupides qu'ils mettaient ensuite sur VKontakte, le Facebook russe. « La Sibérie me dégoûte », écrivait Evgeny. Il rêvait d'une vie différente, loin du froid glacial et de l'ennui.
Une maman écrit : « Mon cher fils, c'est dur sans toi. Maintenant que tu es en prison, qui va m'aider à biner pour planter les patates ? »

Le fils répond : « Maman, je t'en supplie, évite absolument de creuser dans le jardin. J'y ai caché quelque chose et s'ils le trouvent ils pourraient t'arrêter toi aussi et alourdiraient ma peine. » Au bout de quelque temps, la mère répond : « Mon cher fils, les hommes de la police secrète sont venus. Ils ont creusé dans toute la cour de la maison et sont repartis très énervés de ne rien avoir trouvé. » Le fils rétorque : « Ma chère mère, j'ai fait ce que j'ai pu. Maintenant, les patates, tu peux les planter toute seule. »

Quand il arriva dans la région de Rostov, aux frontières de l'Ukraine, pour les exercices militaires, il se rendit tout de suite compte que ce qu'on disait était vrai. Kostya ricanait : « Tu parles d'un exercice, on part en guerre oui ! » Quelques nuits après, Evgeny était à Louhansk pour se battre contre l'armée ukrainienne. Toute la nuit, le martèlement de l'artillerie lui tapait sur les nerfs. « On s'habitue vite », lui avait dit Yura. Mais lorsque la nuit suivante Evgeny aperçut Yura à l'infirmerie, sans ses jambes et tordu de douleur, une petite voix commença à s'insinuer dans son cerveau : « On s'habitue pas à ça, Jenia, et surtout, tu dois pas finir comme ça. »

Misha. Misha et Kostya. Le 2 septembre, au cours d'une action, il les avait vus crever, brûlés vifs. La peur le prit aux tripes. La nuit, il n'arrivait pas à oublier leurs cris. Puis est venue l'indignation et une rage aveugle. L'armée avait confisqué tous les téléphones, mais il savait comment s'en procurer un. Il appela Katya, puis chez lui. « C'est pas ma guerre. On est en train de tuer nos frères ukrainiens. Et presque tous mes amis sont estropiés ou morts. » Katya écoutait, choquée. Elle disait seulement : « oui, oui, oui ». « Y'en a marre de cette merde. Je démissionne de l'armée. Je rentre. » Et il savait qu'il pouvait le faire.

Sa mère écouta en silence, puis elle lui passa son père. Il entendait à peine les sanglots de sa mère dans le fond. « Qu'est-ce qu'elle a, maman ? » demanda-t-il. « Rien, depuis que t'es parti pour la région de Rostov, elle arrive plus à dormir. » Il alla donc au commandement présenter sa démission de l'armée. Il fut couvert d'insultes et de menaces par l'officier de garde qui transmit la nouvelle au commandement. Ils le prirent mal. Mais désormais son choix était fait. Il se sentait nu, l'uniforme ne signifiait plus rien de sensé pour lui.

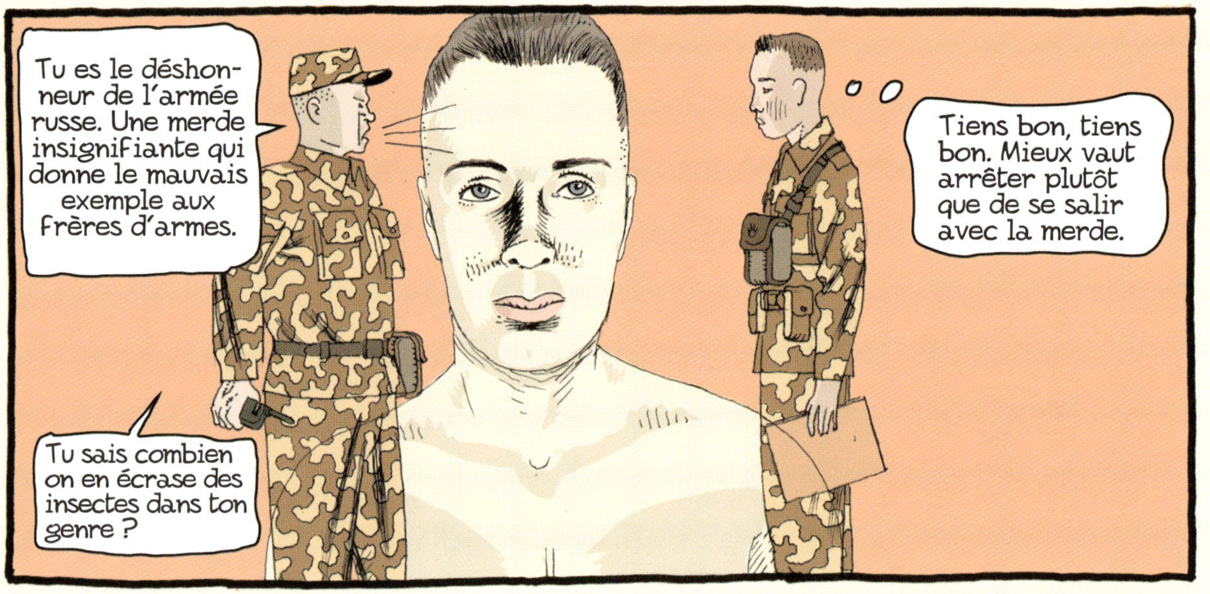

Le 3 septembre il appela une nouvelle fois Katya. Il voulait entendre sa voix pour calmer son agitation. Elle, elle était heureuse parce que Evgeny rentrait, mais lui, il avait peur, il craignait pour sa vie.

L'éclair qui le renversa fut la dernière chose qu'il vit, alors qu'il traversait une nationale où passait un convoi militaire. Le choc lui brisa les os et fit exploser son crâne.

Des témoins disent qu'un camion l'a renversé « accidentellement ».

C'est là la véritable histoire d'Evgeny Myazin, lieutenant de la flotte du Nord.
Mort le 3 septembre 2014.
La marine russe, sous le prétexte que Jenia avait officiellement démissionné, a refusé de rapatrier sa dépouille. Il n'était plus un soldat. Ni un homme. Tout au plus un insecte.
Sa famille a lancé une collecte pour les frais du dernier voyage d'Evgeny Myazin, vers Omsk. 3069 kilomètres.
« Sois glorieuse, notre libre Patrie, Alliance éternelle de peuples frères ! » (Hymne national russe.)

LA BALLADE DE EVGENY MYAZIN (deuxième partie)

« Bien que nous soyons plus de 70 dans le groupe de VKontakte, je constate avec tristesse que la famille d'Evgeny n'a pas réussi à récolter la somme nécessaire pour payer le transport de la dépouille de Rostov à Omsk. Je vous demande d'être humains. De participer à la collecte », écrit Konstantin E., ami proche du marin russe décédé dans un « accident » de la route après avoir démissionné de l'armée. « Après sa mort, les insultes et les mensonges sur le compte d'Evgeny se sont multipliés, ce qui n'a fait qu'aggraver la situation. Je vous parle au nom de la famille et de ses amis. Laissez sa mémoire et son honneur en paix. »

Au fil des jours, la somme nécessaire a pu être trouvée pour faire venir la dépouille de Rostov-sur-le-Don à Moscou (957 km). Lundi 15 septembre 2014, en présence de quelques proches, Evgeny a été enterré à plus de 2000 km de là où il était né et avait grandi.

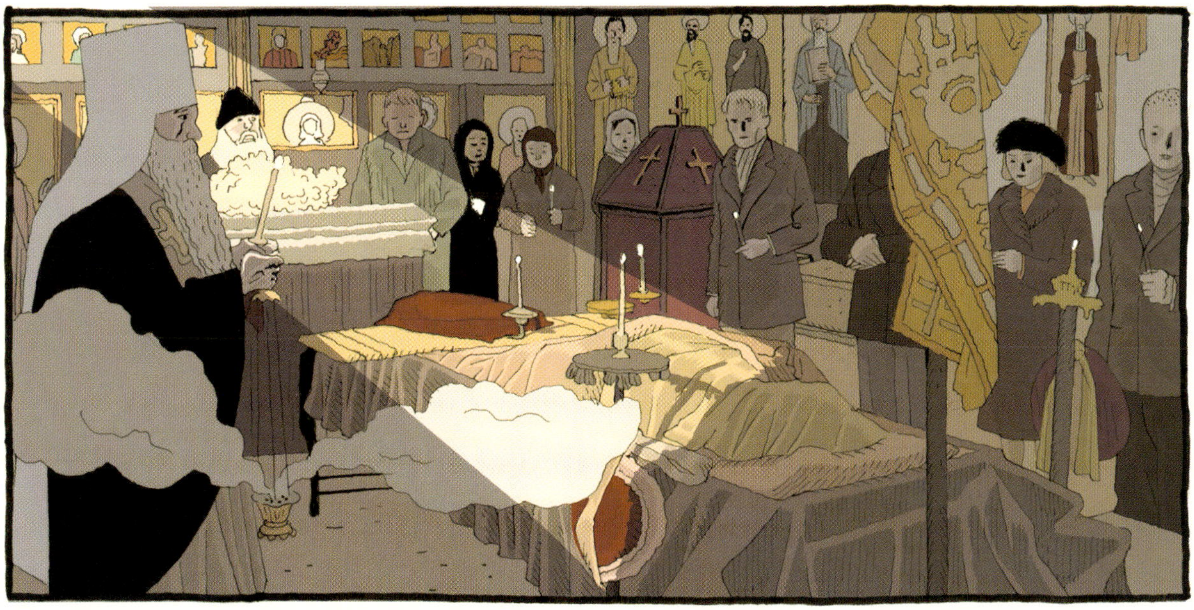

Sur le Net, la nouvelle de la mort d'Evgeny a été diffusée par la blogueuse russe Elena Vasileva. Elle a ému beaucoup de monde et raconté cette guerre mieux que de nombreuses proclamations inutiles. Mais ses ennuis se sont ensuite intensifiés.

Sa page Gruz 200 a été verrouillée par Facebook, puis, face aux nombreuses protestations des sympathisants, a été rouverte. Cette nuit-là, elle m'a écrit. Elle a une terrible nouvelle à m'annoncer.

Elle a découvert, en se basant sur l'autopsie des médecins civils, que le coeur d'Evgeny s'était arrêté depuis un moment, avant qu'il ne soit « accidentellement » renversé par un véhicule militaire.

Il est de plus en plus évident que les craintes d'Evgeny pour sa vie étaient totalement fondées.

Evgeny Myazin a été tué. L'accident n'était rien d'autre qu'un coup monté pour dissimuler son assassinat. Comme dans n'importe quel roman d'espionnage à deux sous.

Sur sa page Facebook, Elena Vasileva, insultée et menacée de mort, continue imperturbablement son œuvre de divulgation. Elle traque les mensonges du Kremlin. Elle publie des centaines d'identités de soldats disparus dans la guerre invisible entre la Russie et l'Ukraine. Pour chacun un nom, un prénom et cette phrase : « Mort en Ukraine. »

Les mères des soldats russes envoyés faire ces prétendus « exercices militaires » à Rostov-sur-le-Don, morts à la guerre et enterrés dans des fosses communes en Ukraine, se mobilisent. Le Kremlin, pour les faire taire, anticipe d'un an une loi qui veut verrouiller Facebook, Twitter, YouTube et Skype. Est-ce là aujourd'hui la liberté de parole, en Russie ? Attendons-nous à un automne difficile et à un hiver encore plus froid.

Du même auteur

Éditions Futuropolis
Les cahiers japonais
Les cahiers Russes
La ballade de Hambone *(2 tomes parus)*
Dessin de Leila Marzocchi
Le jour où... France info, 25 ans d'actualités *(collectif)*

Éditions Albin Michel
La léthargie des sentiments

Éditions Amok
Sinatra

Éditions Casterman
Fats Waller *(2 tomes parus)*
Récit de Carlos Sampayo
5 est le numéro parfait
L'alligator : dis moi que tu ne veux pas mourir
Récit de Massimo Carlotto

Éditions Les humanoïdes associés
L'enfer des désirs

Éditions Ici même
Symphonie à Bombay

Éditions Nocturne
Chet Baker *(livre-disque)*
Casino *(Livre-disque)*

Éditions Vertige Graphic
Baobab *(2 tomes parus)*

www.futuropolis.fr
http://www.igort.com/

Ouvrage dirigé par Alain David

Conception et réalisation graphique : Didier Gonord pour Futuropolis
Traduction de Laurent Lombard

Cet ouvrage a été imprimé en septembre 2015, sur du papier Condat mat Périgord 135 g.
Imprimé chez L.EG.O. en Italie.

Dépôt légal : Octobre 2015
ISBN : 978-2-7548-1414-0
N° d'édition : 290048
790474